危险货物道路运输培训丛书

危险货物道路运输安全管理手册（标准篇）

（2014年版）

本书编写组　◎编

U0923303

人民交通出版社股份有限公司
China Communications Press Co.,Ltd.

内 容 提 要

本手册根据我国危险货物道路运输安全管理的实际情况,并结合编写人员多年的危险货物道路运输安全管理经验,全面汇编(选编)了我国涉及危险货物道路运输的国家及行业标准。

本手册是涉及我国危险货物道路运输安全管理标准的权威资料,它既是各级道路运输管理机构管理人员依法行政、依法管理和科学规范执法的依据,又是危险货物道路运输企业负责人、管理人员依法经营、依法运输和进行安全管理的学习及培训材料。

图书在版编目(CIP)数据

危险货物道路运输安全管理手册 :标准篇 :2014 年版 /《危险货物道路运输安全管理手册》编写组编. —北京:人民交通出版社股份有限公司,2014.10

ISBN 978-7-114-11581-3

Ⅰ.①危… Ⅱ.①危… Ⅲ.①公路运输 - 危险货物运输 - 交通运输安全 - 标准 - 汇编 - 中国 Ⅳ.①D922.145②U492.8-65

中国版本图书馆 CIP 数据核字(2014)第 172383 号

Weixian Huowu Daolu Yunshu Anquan Guanli Shouce (Biaozhun Pian) (2014 Nian Ban)

书　　名:危险货物道路运输安全管理手册(标准篇)(2014 年版)
著 作 者:本书编写组
责任编辑:钟 伟 刘 博
出版发行:人民交通出版社股份有限公司
地　　址:(100011)北京市朝阳区安定门外外馆斜街 3 号
网　　址:http://www.ccpress.com.cn
销售电话:(010)59757973
总 经 销:人民交通出版社股份有限公司发行部
经　　销:各地新华书店
印　　刷:北京市密东印刷有限公司
开　　本:787×1092 1/16
印　　张:13.25
字　　数:299 千
版　　次:2014 年 10 月 第 1 版
印　　次:2014 年 10 月 第 1 次印刷
书　　号:ISBN 978-7-114-11581-3
定　　价:50.00 元
(有印刷、装订质量问题的图书由本公司负责调换)

前言 PREFACE

随着国民经济建设的快速发展，各行各业对危险货物的需求量不断增加。由于道路运输具有“机动”、“灵活”和“门到门服务”等特点，大部分危险货物流通是通过道路运输来完成的。由于危险货物具有爆炸、易燃、毒害、腐蚀等危险性，在整个运输操作过程中稍有不慎，便可能对人民群众的生命财产安全以及环境造成严重危害。因此，加强对危险货物道路运输的安全管理非常重要。为指导道路运输管理人员和危险货物道路运输企业的管理人员，认真学习、准确把握、全面贯彻落实有关危险货物道路运输的国家及行业标准，本书编写组特编制了本手册。

本手册根据我国危险货物道路运输安全管理的实际情况，并结合编写人员多年的危险货物道路运输安全管理经验，全面汇编（选编）了我国涉及危险货物道路运输的国家及行业标准，其中包括《危险货物道路运输企业运输事故应急预案编制要求》（JT/T 911—2014）、《危险货物道路运输企业安全生产管理制度编写要求》（JT/T 912—2014）、《危险货物道路运输企业安全生产责任制编写要求》（JT/T 913—2014）、《危险货物道路运输企业安全生产档案管理技术要求》（JT/T 914—2014）等最新颁布的标准。有关《危险货物品名表》（GB 12268—2012）、《危险货物例外数量及包装要求》（GB 28644.1—2012）、《危险货物有限数量及包装要求》（GB 28644.2—2012）的内容，请参见人民交通出版社出版的《危险货物品名表及安全卡实用大全》。

另外，本书编写组将根据相关标准颁布及修订情况，定期（如每5年）或者不定期对本手册进行修订。

本手册是涉及我国危险货物道路运输安全管理标准的权威资料，它既是各级道路运输管理机构管理人员依法行政、依法管理和科学规范执法的依据，又是危险货物道路运输企业负责人、管理人员依法经营、依法运输和进行安全管理的学习及培训材料。

本手册由严季担任主编，王浩、胡娟娟担任副主编，参加编写的人员还有刘浩学、张普聪、孔方桂、胡海平、吴萌、韩冰、刘辉、胡兴华、张静源、张玉玲、晏远春、杨开贵、沈民、沈小燕、席锦池。

本书编写组

关于标准的使用

国家标准、行业标准分为强制性（GB、JT）和推荐性（GB/T、JT/T）两种。从理论上讲，强制性标准必须执行，但值得注意的有以下几点。

（1）根据《中华人民共和国安全生产法》“生产经营单位必须执行依法制定的保障安全生产的国家标准或者行业标准”的规定，只要是涉及安全生产的标准都应该执行，但在实际工作，还要强调严格落实法规引用的标准。如，涉及危险货物的标准很多，有些是为包装制定的，有些是为生产制定的，有些则是为储存制定的，而我们在危险货物道路运输的安全生产中只使用涉及危险货物道路运输法规（如《中华人民共和国道路运输条例》、《危险化学品安全管理条例》、《道路危险货物运输管理规定》等）所引用的标准。

（2）法规引用的推荐性标准也要执行。如，《道路危险货物运输管理规定》中所要求的“专用车辆技术等级达到行业标准《营运车辆技术等级划分和评定要求》（JT/T 198）规定的一级技术等级”。

（3）国家标准化委员会颁布标准的制订、修订公告，有关单位、个人要根据公告，到相关出版社购买。标准不同于行政文件，行政文件一般由政府部门逐级下发。

（4）标准是由标准的归口单位负责解释。如，《危险货物品名表》（GB 12268）是由全国危险化学品管理标准化技术委员会归口，即只有这个委员会对该标准有解释权。

（5）标准要以新颁布的为准，如《危险货物品名表》（GB 12268）要以2012年版为准，不再使用2005年版。

根据《中华人民共和国特种设备安全》的有关规定，压力容器使用、维护等要执行“安全技术规范”。

以下介绍一些涉及执行标准的法律规定，以强调执行标准（技术法规）和安全技术规范的重要性。

1.《中华人民共和国标准化法》中的有关规定

第二条　对下列需要统一的技术要求，应当制定标准：

……

（二）工业产品的设计、生产、检验、包装、储存、运输、使用的方法或者生产、储存、运输过程中的安全、卫生要求。

第十四条　强制性标准，必须执行。不符合强制性标准的产品，禁止生产、销售和进口。推荐性标准，国家鼓励企业自愿采用。

2.《中华人民共和国安全生产法》中的有关规定

第十条　国务院有关部门应当按照保障安全生产的要求，依法及时制定有关的国家标准或者行业标准，并根据科技进步和经济发展适时修订。

生产经营单位必须执行依法制定的保障安全生产的国家标准或者行业标准。

第十六条　生产经营单位应当具备本法和有关法律、行政法规和国家标准或者行业标准规定的安全生产条件；不具备安全生产条件的，不得从事生产经营活动。

第三十二条　生产、经营、运输、储存、使用危险物品或者处置废弃危险物品的，由有关主管部门依照有关法律、法规的规定和国家标准或者行业标准审批并实施监督管理。

生产经营单位生产、经营、运输、储存、使用危险物品或者处置废弃危险物品，必须执行有关法律、法规和国家标准或者行业标准，建立专门的安全管理制度，采取可靠的安全措施，接受有关主管部门依法实施的监督管理。

3.《危险化学品安全管理条例》（国务院令第591号）中的有关规定

第四条　危险化学品安全管理，应当坚持安全第一、预防为主、综合治理的方针，强化和落实企业的主体责任。

生产、储存、使用、经营、运输危险化学品的单位（以下统称危险化学品单位）的主要负责人对本单位的危险化学品安全管理工作全面负责。

危险化学品单位应当具备法律、行政法规规定和国家标准、行业标准要求的安全条件，建立、健全安全管理规章制度和岗位安全责任制度，对从业人员进行安全教育、法制教育和岗位技术培训。从业人员应当接受教育和培训，考核合格后上岗作业；对有资格要求的岗位，应当配备依法取得相应资格的人员。

第七条　负有危险化学品安全监督管理职责的部门依法进行监督检查，可以采取下列措施：

……

（三）对不符合法律、行政法规、规章规定或者国家标准、行业标准要求的设施、设备、装置、器材、运输工具，责令立即停止使用；

……

4.《中华人民共和国特种设备安全法》中的有关规定

第二条　特种设备的生产(包括设计、制造、安装、改造、修理)、经营、使用、检验、检测和特种设备安全的监督管理,适用本法。

本法所称特种设备,是指对人身和财产安全有较大危险性的锅炉、压力容器(含气瓶)、压力管道、电梯、起重机械、客运索道、大型游乐设施、场(厂)内专用机动车辆,以及法律、行政法规规定适用本法的其他特种设备。

第八条　特种设备生产、经营、使用、检验、检测应当遵守有关特种设备安全技术规范及相关标准。

特种设备安全技术规范由国务院负责特种设备安全监督管理的部门制定。

第四十条　特种设备使用单位应当按照安全技术规范的要求,在检验合格有效期届满前一个月向特种设备检验机构提出定期检验要求。

特种设备检验机构接到定期检验要求后,应当按照安全技术规范的要求及时进行安全性能检验。特种设备使用单位应当将定期检验标志置于该特种设备的显著位置。

未经定期检验或者检验不合格的特种设备,不得继续使用。

第一篇 国家标准

第二篇 行业标准

附 录

第一篇

国 家 标 准

一、《危险货物分类和品名编号》(GB 6944—2012)

危险货物分类和品名编号

1 范围

本标准规定了危险货物分类、危险货物危险性的先后顺序和危险货物编号。

本标准适用于危险货物运输、储存、经销及相关活动。

2 规范性引用文件

下列文件对于本文件的应用是必不可少的。凡是注日期的引用文件,仅注日期的版本适用于本文件。凡是不注日期的引用文件,其最新版本(包括所有的修改单)适用于本文件。

GB 11806 放射性物质安全运输规程

GB/T 3536 石油产品 闪点和燃点的测定 克利夫兰开口杯法

GB/T 21622 危险品 易燃液体持续燃烧试验方法

GB/T 21624 危险品 易燃黏性液体溶剂分离试验方法

GB/T 21617 危险品 固体氧化性试验方法

GB/T 21620 危险品 液体氧化性试验方法

联合国《关于危险货物运输的建议书 规章范本》(第16修订版)

联合国《关于危险货物运输的建议书 试验和标准手册》(第5修订版)

世界卫生组织《世界卫生组织建议的农药按危险性的分类和分类准则》(2004)

3 术语和定义

联合国《关于危险货物运输的建议书 规章范本》(第16修订版)(以下简称《规章范本》)界定的以及下列术语和定义适用于本文件。

3.1

危险货物(也称危险物品或危险品) **dangerous goods**

具有爆炸、易燃、毒害、感染、腐蚀、放射性等危险特性,在运输、储存、生产、经营、使用和处置中,容易造成人身伤亡、财产损毁或环境污染而需要特别防护的物质和物品。

3.2

联合国编号 UN number

由联合国危险货物运输专家委员会编制的四位阿拉伯数编号,用以识别一种物质或物品或一类特定物质或物品。

4　危险货物分类

4.1　危险货物类别、项别和包装类别

4.1.1　类别和项别

按危险货物具有的危险性或最主要的危险性分为9个类别。第1类、第2类、第4类、第5类和第6类再分成项别。类别和项别分列如下：

第1类：爆炸品

1.1项：有整体爆炸危险的物质和物品；

1.2项：有迸射危险，但无整体爆炸危险的物质和物品；

1.3项：有燃烧危险并有局部爆炸危险或局部迸射危险或这两种危险都有，但无整体爆炸危险的物质和物品；

1.4项：不呈现重大危险的物质和物品；

1.5项：有整体爆炸危险的非常不敏感物质；

1.6项：无整体爆炸危险的极端不敏感物品。

第2类：气体

2.1项：易燃气体；

2.2项：非易燃无毒气体；

2.3项：毒性气体。

第3类：易燃液体

第4类：易燃固体、易于自燃的物质、遇水放出易燃气体的物质

4.1项：易燃固体、自反应物质和固态退敏爆炸品；

4.2项：易于自燃的物质；

4.3项：遇水放出易燃气体的物质。

第5类：氧化性物质和有机过氧化物

5.1项：氧化性物质；

5.2项：有机过氧化物。

第6类：毒性物质和感染性物质

6.1项：毒性物质；

6.2项：感染性物质。

第7类：放射性物质

第8类：腐蚀性物质

第9类：杂项危险物质和物品，包括危害环境物质

注：类别和项别的号码顺序并不是危险程度的顺序。

4.1.2　危险货物包装类别

为了包装目的，除了第1类、第2类、第7类、5.2项和6.2项物质，以及4.1项自反应物质以外的物质，根据其危险程度，划分为三个包装类别：

——Ⅰ类包装：具有高度危险性的物质；

——Ⅱ类包装：具有中等危险性的物质；

——Ⅲ类包装：具有轻度危险性的物质。

4.2 第1类：爆炸品

4.2.1 一般规定

4.2.1.1 爆炸品包括：

a) 爆炸性物质（物质本身不是爆炸品，但能形成气体、蒸气或粉尘爆炸环境者，不列入第1类），不包括那些太危险以致不能运输或其主要危险性符合其他类别的物质；

b) 爆炸性物品，不包括下述装置：其中所含爆炸性物质的数量或特性，不会使其在运输过程中偶然或意外被点燃或引发后因迸射、发火、冒烟、发热或巨响而在装置外部产生任何影响；

c) 为产生爆炸或烟火实际效果而制造的，a）和b）中未提及的物质或物品。

4.2.1.2 爆炸性物质是指固体或液体物质（或物质混合物），自身能够通过化学反应产生气体，其温度、压力和速度高到能对周围造成破坏。烟火物质即使不放出气体，也包括在内。

4.2.1.3 爆炸性物品是指含有一种或几种爆炸性物质的物品。

4.2.2 项别

第1类划分为6项。

4.2.2.1 1.1项：有整体爆炸危险的物质和物品。

整体爆炸是指瞬间能影响到几乎全部载荷的爆炸。

4.2.2.2 1.2项：有迸射危险，但无整体爆炸危险的物质和物品。

4.2.2.3 1.3项：有燃烧危险并有局部爆炸危险或局部迸射危险或这两种危险都有，但无整体爆炸危险的物质和物品。

本项包括满足下列条件之一的物质和物品：

a) 可产生大量热辐射的物质和物品；

b) 相继燃烧产生局部爆炸或迸射效应或两种效应兼而有之的物质和物品。

4.2.2.4 1.4项：不呈现重大危险的物质和物品：

本项包括运输中万一点燃或引发时仅造成较小危险的物质和物品；其影响主要限于包件本身，并预计射出的碎片不大、射程也不远，外部火烧不会引起包件几乎全部内装物的瞬间爆炸。

4.2.2.5 1.5项：有整体爆炸危险的非常不敏感物质：

a) 本项包括有整体爆炸危险性、但非常不敏感，以致在正常运输条件下引发或由燃烧转为爆炸的可能性极小的物质。

b) 船舱内装有大量本项物质时，由燃烧转为爆炸的可能性较大。

4.2.2.6 1.6项：无整体爆炸危险的极端不敏感物品：

a) 本项包括仅含有极不敏感爆炸物质、并且其意外引发爆炸或传播的概率可忽略不计的物品。

b) 本项物品的危险仅限于单个物品的爆炸。

4.2.3 爆炸品配装组划分和组合

4.2.3.1 在爆炸品中，如果两种或两种以上物质或物品在一起能够安全积载或运输，而不会明显增加事故概率或在一定数量情况下不会明显提高事故危害程度的，可视其为同一配装组。

4.2.3.2　第1类危险货物根据其具有的危险性类型划归6个项中的一项和13个配装组中的一个，被认为可以相容的各种爆炸性物质和物品列为一个配装组。表1和表2表明了划分配装组的方法、与各配装组有关的可能危险项别的组合：

a）　配装组D和E的物品，可安装引发装置或与之包装在一起，但该引发装置应至少配备两个有效的保护功能，防止在引发装置意外启动时引起爆炸。此类物品和包装应划为D或E配装组。

b）　配装组D和E的物品，可与引发装置包装在一起，尽管该引发装置未配备两个有效的保护功能，但在正常运输条件下，该引发装置意外启动不会引起爆炸。此类包件应划为D或E配装组。

c）　划入配装组S的物质或物品应经过1.4项的实验确定。

d）　划入配装组N的物质或物品应经过1.6项的实验确定。

表1　爆炸品配装组划分

待分类物质和物品的说明	配装组	组　合
一级爆炸性物质	A	1.1A
含有一级爆炸性物质、而不含有两种或两种以上有效保护装置的物品。某些物品，例如爆破用雷管、爆破用雷管组件和帽形引爆器包括在内，尽管这些物品不含有一级炸药	B	1.1B、1.2B、1.4B
推进爆炸性物质或其他爆燃爆炸性物质或含有这类爆炸性物质的物品	C	1.1C、1.2C、1.3C、1.4C
二级起爆物质或黑火药或含有二级起爆物质的物品，无引发装置和发射药；或含有一级爆炸性物质和两种或两种以上有效保护装置的物品	D	1.1D、1.2D、1.4D、1.5D
含有二级起爆物质的物品，无引发装置，带有发射药（含有易燃液体或胶体或自燃液体的除外）	E	1.1E、1.2E、1.4E
含有二级起爆物质的物品，带有引发装置，带有发射药（含有易燃液体或胶体或自燃液体的除外）或不带有发射药	F	1.1F、1.2F、1.3F、1.4F
烟火物质或含有烟火物质的物品或既含有爆炸性物质又含有照明、燃烧、催泪或发烟物质的物品（水激活的物品或含有白磷、磷化物、发火物质、易燃液体或胶体或自燃液体的物品除外）	G	1.1G、1.2G、1.3G、1.4G
含有爆炸性物质和白磷的物质	H	1.2H、1.3H
含有爆炸性物质和易燃液体或胶体的物质	J	1.1J、1.2J、1.3J
含有爆炸性物质和毒性化学剂的物品	K	1.2K、1.3K
爆炸性物质或含有爆炸性物质并且具有特殊危险（例如由于水激活或含有自燃液体、磷化物或发火物质）需要彼此隔离的物品	L	1.1L、1.2L、1.3L
只含有极端不敏感起爆物质的物品	N	1.6N
如下包装或设计的物质或物品：除了包件被火烧损的情况外，能使意外起爆引起的任何危险效应不波及到包件之外，在包件被火烧损的情况下，所有爆炸和迸射效应也有限，不至于妨碍或阻止在包件紧邻处救火或采取其他应急措施	S	1.4S

表2 爆炸品危险项别与配装组的组合

危险项别	配装组													
	A	B	C	D	E	F	G	H	J	K	L	N	S	∑A~S
1.1	1.1A	1.1B	1.1C	1.1D	1.1E	1.1F	1.1G		1.1J		1.1L			9
1.2		1.2B	1.2C	1.2D	1.2E	1.2F	1.2G	1.2H	1.2J	1.2K	1.2L			10
1.3			1.3C			1.3F	1.3G	1.3H	1.3J	1.3K	1.3L			7
1.4		1.4B	1.4C	1.4D	1.4E	1.4F	1.4G						1.4S	7
1.5				1.5D										1
1.6												1.6N		1
∑1.1~1.6	1	3	4	4	3	4	4	2	3	2	3	1	1	35

4.3 第2类:气体

4.3.1 一般规定

4.3.1.1 本类气体指满足下列条件之一的物质:

a) 在50℃时,蒸气压力大于300kPa的物质;

b) 20℃时在101.3kPa标准压力下完全是气态的物质。

4.3.1.2 本类包括压缩气体、液化气体、溶解气体和冷冻液化气体、一种或多种气体与一种或多种其他类别物质的蒸气混合物、充有气体的物品和气雾剂。

4.3.1.2.1 压缩气体是指在-50℃下加压包装供运输时完全是气态的气体,包括临界温度小于或等于-50℃的所有气体。

4.3.1.2.2 液化气体是指在温度大于-50℃下加压包装供运输时部分是液态的气体,可分为:

a) 高压液化气体:临界温度在-50℃~65℃之间的气体;

b) 低压液化气体:临界温度大于65℃的气体。

4.3.1.2.3 溶解气体:加压包装供运输时溶解于液相溶剂中的气体。

4.3.1.2.4 冷冻液化气体:包装供运输时由于其温度低而部分呈液态的气体。

4.3.1.3 具有两个项别以上危险性的气体和气体混合物,其危险性先后顺序如下:

a) 2.3项优先于所有其他项;

b) 2.1项优先于2.2项。

4.3.2 项别

第2类分为3项。

4.3.2.1 2.1项:易燃气体

本项包括在20℃和101.3kPa条件下满足下列条件之一的气体:

a) 爆炸下限小于或等于13%的气体;

b) 不论其爆燃性下限如何,其爆炸极限(燃烧范围)大于或等于12%的气体。

4.3.2.2 2.2项:非易燃无毒气体

4.3.2.2.1 本项包括窒息性气体、氧化性气体以及不属于其他项别的气体。

4.3.2.2.2 本项不包括在温度20℃时的压力低于200kPa、并且未经液化或冷冻液化的气体。

4.3.2.3　2.3 项:毒性气体

本项包括满足下列条件之一的气体:

a)　其毒性或腐蚀性对人类健康造成危害的气体;

b)　急性半数致死浓度 LC_{50} 值小于或等于 5000mL/m^3 的毒性或腐蚀性气体。

注:使雌雄青年大白鼠连续吸入 1h,最可能引起受试动物在 14d 内死亡一半的气体的浓度。

4.4　第 3 类:易燃液体

4.4.1　本类包括易燃液体和液态退敏爆炸品。

4.4.1.1　易燃液体,是指易燃的液体或液体混合物,或是在溶液或悬浮液中有固体的液体,其闭杯试验闪点不高于 60℃,或开杯试验闪点不高于 65.6℃。易燃液体还包括满足下列条件之一的液体:

a)　在温度等于或高于其闪点的条件下提交运输的液体;

b)　以液态在高温条件下运输或提交运输并在温度等于或低于最高运输温度下放出易燃蒸气的物质。

4.4.1.2　液态退敏爆炸品,是指为抑制爆炸性物质的爆炸性能,将爆炸性物质溶解或悬浮在水中或与其他液态物质后,而形成的均匀液态混合物。

4.4.2　符合 4.4.1.1 易燃液体的定义,但闪点高于 35℃而且不持续燃烧的液体,在本标准中不视为易燃液体。符合下列条件之一的液体被视为不能持续燃烧:

a)　按照 GB/T 21622 规定进行持续燃烧试验,结果表明不能持续燃烧的液体;

b)　按照 GB/T 3536 确定的燃点大于 100℃的液体;

c)　按质量含水大于 90% 且混溶于水的溶液。

4.4.3　第 3 类危险货物包装类别的划分

易燃液体的包装类别根据"按易燃性划分的危险类别表(表 3)"中的闪点(闭杯)和初沸点确定。

表 3　按易燃性划分的危险类别表

包装类别	闪点(闭杯)	初沸点
Ⅰ	—	≤35℃
Ⅱ	<23℃	>35℃
Ⅲ	≥23℃和≤60℃	>35℃

4.4.3.1　对于易燃且易燃为其唯一危险性的液体,使用表 3 确定其危险类别。

4.4.3.2　对于另有其他危险性的液体,应考虑到表 3 确定的危险类别和根据其他危险性的严重程度确定的危险类别,按照其主要危险性确定分类和包装类别。

4.4.3.3　闪点低于 23℃的黏性物质,例如色漆、瓷釉、喷漆、清漆、黏合剂和抛光剂等,可按照联合国《关于危险货物运输的建议书　试验和标准手册》(第 5 修订版)(以下简称"《试验和标准手册》")第三部分第 32.3 小节规定的程序根据下列内容划入Ⅲ类包装:

a)　用流过时间(秒)表示的黏度;

b)　闭杯闪点;

c)　溶剂分离试验。

4.4.3.4　闪点低于 23℃的黏性易燃液体,例如油漆、瓷釉、喷漆、清漆、黏合剂和抛光剂等,如符合下列条件则划入Ⅲ类包装：

a） 在溶剂分离试验中，清澈的溶剂分离层少于3%；

b） 混合物或任何分离溶剂都不符合6.1项或第8类的标准。

4.4.3.5 由于在高温下进行运输而被划为易燃液体的物质，列入Ⅲ类包装。

4.4.3.6 具有下列性质的黏性物质：

——闪点在23℃～60℃之间；

——无毒性、腐蚀性或环境危险；

——含硝化纤维素不超过20%，而且硝化纤维素按干重含氮不超过12.6%；

——装在容量小于450L的储器内。

如符合下列条件即不受本标准的约束（空运除外）：

a） 在溶剂分离试验（见GB/T 21624）中，溶剂分离层的高度小于总高度的3%。

b） 在用直径6mm的喷嘴进行的黏度试验（见《试验和标准手册》第三部分第32.4.3小节）中，满足下列条件之一：

1） 流过时间大于或等于60s；

2） 流过时间大于或等于40s，且黏性物质含有不超过60%的第3类物质。

4.5 第4类：易燃固体、易于自燃的物质、遇水放出易燃气体的物质

4.5.1 一般规定

本类包括易燃固体、易于自燃的物质和遇水放出易燃气体的物质，分为3项。

4.5.2 项别

4.5.2.1 4.1项：易燃固体、自反应物质和固态退敏爆炸品：

a） 易燃固体：易于燃烧的固体和摩擦可能起火的固体；

b） 自反应物质：即使没有氧气（空气）存在，也容易发生激烈放热分解的热不稳定物质；

c） 固态退敏爆炸品：为抑制爆炸性物质的爆炸性能，用水或酒精湿润爆炸性物质、或用其他物质稀释爆炸性物质后，而形成的均匀固态混合物。

4.5.2.2 4.2项：易于自燃的物质

本项包括发火物质和自热物质：

a） 发火物质：即使只有少量与空气接触，不到5min时间便燃烧的物质，包括混合物和溶液（液体或固体）；

b） 自热物质：发火物质以外的与空气接触便能自己发热的物质。

4.5.2.3 4.3项：遇水放出易燃气体的物质

本项物质是指遇水放出易燃气体，且该气体与空气混合能够形成爆炸性混合物的物质。

4.5.3 第4类危险货物包装类别的划分

除4.1项的自反应物质以外，第4类危险货物的包装类别根据易燃固体、易于自燃的物质和遇水放出易燃气体的物质的危险特性划分。

4.5.3.1 易燃固体：

a） 易于燃烧的固体（金属粉除外），在根据《试验和标准手册》第三部分第33.2.1小节所述的试验方法进行的试验时，如燃烧时间小于45s并且火焰通过湿润段，应划入Ⅱ类包装。金属或金属合金粉末，如反应段在5min以内蔓延到试样的全部长度，应划入Ⅱ类包装；

b） 易于燃烧的固体（金属粉除外），在根据《试验和标准手册》第三部分第33.2.1小节所述的试验方法进行的试验时，如燃烧时间小于45s并且湿润段阻止火焰传播至少4min，应划入Ⅲ类包装。金属粉如反应段在大于5min但小于10min内蔓延到试样的全部长度，应划入Ⅲ类包装；

c） 摩擦可能起火的固体，应按现有条目以类推方法或按照任何适当的特殊规定划定包装类别。

4.5.3.2 易于自燃的物质：

a） 所有发火固体和发火液体应划入Ⅰ类包装；

b） 根据《试验和标准手册》第三部分第33.3.1.6小节所述的试验方法进行试验时，用25mm试样立方体在140℃下做试验时取得肯定结果的自热物质，应划入Ⅱ类包装；

c） 根据《试验和标准手册》第三部分第33.3.1.6小节所述的试验方法进行试验时，自热物质如符合下列条件应划入Ⅲ类包装：

1） 用100mm试样立方体在140℃下做试验时取得肯定结果，用25mm试样立方体在140℃下做试验时取得否定结果，并且该物质将装在体积大于$3m^3$的包件内运输；

2） 用100mm试样立方体在140℃下做试验时取得肯定结果，用25mm试样立方体在140℃下做试验时取得否定结果，用100mm试样立方体在120℃下做试验时取得肯定结果，并且该物质将装在体积大于450L的包件内运输；

3） 用100mm试样立方体在140℃下做试验时取得肯定结果，用25mm试样立方体在140℃下做试验时取得否定结果，并且用100mm试样立方体在100℃下做试验时取得肯定结果。

4.5.3.3 遇水放出易燃气体的物质：

a） 任何物质如在环境温度下遇水发生剧烈反应并且所产生的气体通常显示自燃的倾向，或在环境温度下遇水容易起反应，释放易燃气体的速度大于或等于每千克物质每分钟释放10L，应划为Ⅰ类包装；

b） 任何物质如在环境温度下遇水容易起反应，释放易燃气体的最大速度大于或等于每千克物质每小时释放20L，并且不符合Ⅰ类包装的标准，应划为Ⅱ类包装；

c） 任何物质如在环境温度下遇水反应缓慢，释放易燃气体的最大速度大于或等于每千克物质每小时释放1L，并且不符合Ⅰ类或Ⅱ类包装的标准，应划为Ⅲ类包装。

4.6 第5类：氧化性物质和有机过氧化物

4.6.1 一般规定

本类包括氧化性物质和有机过氧化物，分为2项。

4.6.2 项别

4.6.2.1 5.1项：氧化性物质

氧化性物质是指本身未必燃烧，但通常因放出氧可能引起或促使其他物质燃烧的物质。

4.6.2.2　5.2项:有机过氧化物

4.6.2.2.1　有机过氧化物是指含有两价过氧基(-O-O-)结构的有机物质。

4.6.2.2.2　当有机过氧化物配制品满足下列条件之一时,视为非有机过氧化物:

a)　其有机过氧化物的有效氧质量分数[按式(1)计算]不超过1.0%,而且过氧化氢质量分数不超过1.0%;

$$X = 16 \times \sum \left(\frac{n_i \times C_i}{m_i} \right) \tag{1}$$

式中:X——有效氧含量,以质量分数表示(%);

n_i——有机过氧化物 i 每个分子的过氧基数目;

C_i——有机过氧化物 i 的浓度,以质量分数表示(%);

m_i——有机过氧化物 i 的相对分子质量。

b)　其有机过氧化物的有效氧质量分数不超过0.5%,而且过氧化氢质量分数超过1.0%但不超过7.0%。

4.6.2.2.3　有机过氧化物按其危险性程度分为七种类型,从A型到G型:

a)　A型有机过氧化物

装在供运输的容器中时能起爆或迅速爆燃的有机过氧化物配制品。

b)　B型有机过氧化物

装在供运输的容器中时既不起爆也不迅速爆燃,但在该容器中可能发生热爆炸的具有爆炸性质的有机过氧化物配制品。该有机过氧化物装在容器中的数量最高可达25kg,但为了排除在包件中起爆或迅速爆燃而需要把最高数量限制在较低数量者除外。

c)　C型有机过氧化物

装在供运输的容器(最多50kg)内不可能起爆或迅速爆燃或发生热爆炸的具有爆炸性质的有机过氧化物配制品。

d)　D型有机过氧化物

满足下列条件之一,可以接受装在净重不超过50kg的包件中运输的有机过氧化物配置品:

1)　如果在实验室试验中,部分起爆,不迅速爆燃,在封闭条件下加热时不显示任何激烈效应。

2)　如果在实验室试验中,根本不起爆,缓慢爆燃,在封闭条件下加热时不显示激烈效应。

3)　如果在实验室试验中,根本不起爆或爆燃,在封闭条件下加热时显示中等效应。

e)　E型有机过氧化物

在实验室试验中,既不起爆也不爆燃,在封闭条件下加热时只显示微弱效应或无效应,可以接受装在不超过400kg/450L的包件中运输的有机过氧化物配制品。

f)　F型有机过氧化物

在实验室试验中,既不在空化状态下起爆也不爆燃,在封闭条件下加热时只显示微弱效应或无效应,并且爆炸力弱或无爆炸力的,可考虑用中型散货箱或罐体运输的有机过氧化物配制品。

g） G型有机过氧化物

1） 在实验室试验中，既不在空化状态下起爆也不爆燃，在封闭条件下加热时不显示任何效应，并且没有任何爆炸力的有机过氧化物配制品，应免予被划入5.2项，但配制品应是热稳定的（50kg包件的自加速分解温度为60℃或更高），液态配制品应使用A型稀释剂退敏。

2） 如果配制品不是热稳定的，或者用A型稀释剂以外的稀释剂退敏，配制品应定为F型有机过氧化物。

4.6.3 第5类：危险货物包装类别的划分

5.1项氧化性物质根据氧化性固体和氧化性液体的危险性划分包装类别。

4.6.3.1 氧化性固体

氧化性固体按照GB/T 21617所述的试验程序和下列标准划定包装类别。

4.6.3.1.1 Ⅰ类包装：该物质样品与纤维素之比为按质量4∶1或1∶1的混合物进行试验时，显示的平均燃烧时间小于溴酸钾与纤维素之比为按质量3∶2的混合物的平均燃烧时间；

4.6.3.1.2 Ⅱ类包装：该物质样品与纤维素之比为按质量4∶1或1∶1的混合物进行试验时，显示的平均燃烧时间等于或小于溴酸钾与纤维素之比为按质量2∶3的混合物的平均燃烧时间，并且未满足Ⅰ类包装的标准；

4.6.3.1.3 Ⅲ类包装：该物质样品与纤维素之比为按质量4∶1或1∶1的混合物进行试验时，显示的平均燃烧时间等于或小于溴酸钾与纤维素之比为按质量3∶7的混合物的平均燃烧时间，并且未满足Ⅰ类包装和Ⅱ类包装的标准；

4.6.3.1.4 非5.1项：该物质样品与纤维素之比为按质量4∶1或1∶1的混合物进行试验时，都不发火并燃烧，或显示的平均燃烧时间大于溴酸钾与纤维素之比为按质量3∶7的混合物的平均燃烧时间。

4.6.3.2 氧化性液体

氧化性液体按照GB/T 21620所述的试验程序和下列标准划定包装类别。

4.6.3.2.1 Ⅰ类包装：该物质与纤维素之比为按质量1∶1的混合物进行试验时，自发着火，或该物质与纤维素之比为按质量1∶1的混合物的平均压力上升时间小于50%高氯酸与纤维素之比为按质量1∶1的混合物的平均压力上升时间；

4.6.3.2.2 Ⅱ类包装：该物质与纤维素之比为按质量1∶1的混合物进行试验时，显示的平均压力上升时间小于或等于40%氯酸钠水溶液与纤维素之比为按质量1∶1的混合物的平均压力上升时间；并且未满足Ⅰ类包装的标准；

4.6.3.2.3 Ⅲ类包装：该物质与纤维素之比为按质量1∶1的混合物进行试验时，显示的平均压力上升时间小于或等于65%硝酸水溶液与纤维素之比为按质量1∶1的混合物的平均压力上升时间；并且未满足Ⅰ类包装和Ⅱ类包装的标准；

4.6.3.2.4 非5.1项：该物质与纤维素之比为按质量1∶1的混合物进行试验时，显示的压力上升小于2070kPa（表压）；或显示的平均压力上升时间大于65%硝酸水溶液与纤维素之比为按质量1∶1的混合物的平均压力上升时间。

4.7　第6类:毒性物质和感染性物质

4.7.1　一般规定

本类包括毒性物质和感染性物质,分为2项。

4.7.2　项别

4.7.2.1　6.1项:毒性物质

4.7.2.1.1　毒性物质是指经吞食、吸入或与皮肤接触后可能造成死亡或严重受伤或损害人类健康的物质。

4.7.2.1.2　本项包括满足下列条件之一的毒性物质(固体或液体):

a)　急性口服毒性:$LD_{50} \leqslant 300$mg/kg;

注:青年大白鼠口服后,最可能引起受试动物在14d内死亡一半的物质剂量,试验结果以mg/kg体重表示。

b)　急性皮肤接触毒性:$LD_{50} \leqslant 1000$mg/kg;

注:使白兔的裸露皮肤持续接触24h,最可能引起受试动物在14d内死亡一半的物质剂量,试验结果以mg/kg体重表示。

c)　急性吸入粉尘和烟雾毒性:$LC_{50} \leqslant 4$mg/L;

d)　急性吸入蒸气毒性:$LC_{50} \leqslant 5000$mL/m^3,且在20℃和标准大气压力下的饱和蒸气浓度大于或等于$1/5LC_{50}$。

注:使雌雄青年大白鼠连续吸入1h,最可能引起受试动物在14d内死亡一半的蒸气、烟雾或粉尘的浓度。固态物质如果其总质量的10%以上是在可吸入范围的粉尘(即粉尘粒子的空气动力学直径$\leqslant 10\mu$m)应进行试验。液态物质如果在运输密封装置漏泄时可能产生烟雾,应进行试验。不管是固态物质还是液态物质,准备用于吸入毒性试验的样品的90%以上(按质量计算)应在上述规定的可吸入范围。对粉尘和烟雾,试验结果以mg/L表示;对蒸气,试验结果以mL/m^{3}表示。

4.7.2.2　6.2项:感染性物质

4.7.2.2.1　感染性物质是指已知或有理由认为含有病原体的物质。

4.7.2.2.2　感染性物质分为A类和B类:

a)　A类:以某种形式运输的感染性物质,在与之发生接触(发生接触,是在感染性物质泄露到保护性包装之外,造成与人或动物的实际接触)时,可造成健康的人或动物永久性失残、生命危险或致命疾病。

b)　B类:A类以外的感染性物质。

4.7.3　第6类危险货物包装类别的划分

6.1项物质(包括农药),按其毒性程度划入三个包装类别:

——Ⅰ类包装:具有非常剧烈毒性危险的物质及制剂;

——Ⅱ类包装:具有严重毒性危险的物质及制剂;

——Ⅲ类包装:具有较低毒性危险的物质及制剂。

在确定包装类别时,以动物试验所得经口摄入,经皮接触和吸入粉尘、烟雾或蒸气试验数据作为根据。同时,还应考虑到人类意外中毒事故的经验,及个别物质具有的特殊性质,例如液态、高挥发性、任何特殊的渗透可能性和特殊生物效应。当一种物质通过两种或更多的试验方式所显示的毒性程度不同时,应以试验所表明的危险性最大者为准。

4.7.3.1　经口摄入、经皮接触和吸入粉尘或烟雾的分类标准

经口摄入、经皮接触和吸入粉尘或烟雾的包装类别按表4确定:

a） 催泪性毒气物质，即使其毒性数据相当于Ⅲ类包装的数值，也应划入Ⅱ类包装。

b） 表中吸入粉尘和烟雾毒性标准以吸入1h的LC_{50}数据为基准，应优先使用该数据。但如果仅有4h吸入粉尘和烟雾的LC_{50}数据，则4倍的LC_{50}（4h）数值可等效于LC_{50}（1h）数值。

c） 符合第8类标准、并且吸入粉尘和烟雾毒性（LC_{50}）属于Ⅰ类包装的物质，只有在经口摄入或经皮接触毒性至少是Ⅰ类或Ⅱ类包装时才被认可划入6.1项。否则酌情划入第8类。

表4 经口摄入、经皮接触和吸入粉尘或烟雾的包装类别表

包装类别	经口毒性LD_{50}（mg/kg）	经皮接触毒性LD_{50}（mg/kg）	吸入粉尘和烟雾毒性LC_{50}（mg/L）
Ⅰ	≤5.0	≤50	≤0.2
Ⅱ	>5.0和≤50	>50和≤200	>0.2和≤2.0
Ⅲ≤	>50和≤300	>200和≤1000	>2.0和≤4.0

4.7.3.2 有毒性蒸气的液体包装类别分类标准

有毒性蒸气的液体应划入下列包装类别，其中"V"为在20℃和标准大气压力下的饱和蒸气浓度，以mL/m^3（挥发度）表示：

a） Ⅰ类包装：$V \geqslant 10LC_{50}$且$LC_{50} \leqslant 1000mL/m^3$；

b） Ⅱ类包装：$V \geqslant LC_{50}$且$LC_{50} \leqslant 3000mL/m^3$，并且不符合Ⅰ类包装的标准；

c） Ⅲ类包装：$V \geqslant 1/5LC_{50}$且$LC_{50} \leqslant 5000mL/m^3$，并且不符合Ⅰ类包装或Ⅱ类包装的标准（催泪性毒气物质，即使其毒性数据相当于Ⅲ类包装的数值，也应列入Ⅱ类包装）。

吸入蒸气毒性标准以吸入1h的LC_{50}数据为基准，应优先使用该数据。但如果仅有4h吸入蒸气的LC_{50}数据，则2倍的LC_{50}（4h）数值可等效于LC_{50}（1h）数值。

4.7.3.3 液体混合物包装类别分类标准

如果已知组成混合物的每一种毒性物质的LC_{50}数据，混合物的包装类别可按下列方式确定。

4.7.3.3.1 混合物的LC_{50}值的计算公式见式（2）：

$$LC_{50}(\text{混合物}) = \frac{1}{\sum_{i=1}^{n}(f_i / LC_{50i})} \tag{2}$$

式中：f_i——混合物的第i种成分物质的摩尔分数；

LC_{50i}——第i种成分物质的平均致死浓度，单位为毫升每立方米（mL/m^3）。

4.7.3.3.2 混合物中每种成分物质的挥发性的计算公式见式（3）：

$$V_i = \frac{P_i \times 10^6}{101.3} \tag{3}$$

式中：P_i——在20℃和1个大气压下第i种成分物质的分压，单位为千帕（kPa）。

4.7.3.3.3 混合物挥发性与LC_{50}的比率的计算公式见式（4）：

$$R = \sum_{i=1}^{n}\left(\frac{V_i}{LC_{50i}}\right) \tag{4}$$

式中：R——混合物挥发性与 LC_{50} 的比率。

4.7.3.3.4 混合物包装类别的确定（根据混合物 LC_{50} 值和 R）：

a） Ⅰ类包装：$R \geq 10$ 且 LC_{50}（混合物）$\leq 1000mL/m^3$；

b） Ⅱ类包装：$R \geq 1$ 且 LC_{50}（混合物）$\leq 3000mL/m^3$，并且不符合Ⅰ类包装标准；

c） Ⅲ类包装：$R \geq 1/5$ 且 LC_{50}（混合物）$\leq 5000mL/m^3$，并且不符合Ⅰ类和Ⅱ类包装标准。

4.7.3.3.5 对于没有毒性成分物质 LC_{50} 数据的混合物，可根据下述简化的极限毒性试验划定混合物的包装类别。如使用这些极限试验，所确定的最严格的包装类别将用于该混合物的运输：

a） 混合物只有在下列两项标准都满足时，才划入Ⅰ类包装：

1） 把液体混合物样品制成蒸气并用空气稀释，配置的混合物蒸气浓度为 $1000mL/m^3$ 的试验气体环境。把10只白鼠（5只雄性、5只雌性）置于该试验气体环境中1h，然后观察14d。如在14d的观察期内5只以上白鼠死亡，则可推定混合物的 LC_{50} 值等于或小于 $1000mL/m^3$；

2） 把在20℃时与液体混合物处于平衡状态的蒸气样品用9倍等体积的空气稀释以形成试验气体环境。把10只白鼠（5只雄性、5只雌性）置于该试验气体环境中1h，然后观察14d。如在14d的观察期内5只以上白鼠死亡，则可推定混合物的挥发度等于或大于混合物 LC_{50} 值的10倍；

b） 混合物只有在下列两项标准都满足，并且不符合Ⅰ类包装的标准时，才划入Ⅱ类包装：

1） 把液体混合物样品制成蒸气并用空气稀释，配置的混合物蒸气浓度为 $3000mL/m^3$ 的试验气体环境。把10只白鼠（5只雄性、5只雌性）置于该试验气体环境中1h，然后观察14d。如在14d的观察期内5只以上白鼠死亡，则可推定混合物的 LC_{50} 值等于或小于 $3000mL/m^3$；

2） 用在20℃时与液体混合物处于平衡状态的蒸气样品形成试验气体环境。把10只白鼠（5只雄性、5只雌性）置于该试验气体环境中1h，然后观察14d。如在14d的观察期内5只以上白鼠死亡，则可推定混合物的挥发度等于或大于混合物的 LC_{50} 值；

c） 混合物只有在下列两项标准都满足，并且不符合Ⅰ类和Ⅱ类包装的标准时，才划入Ⅲ类包装：

1） 把液体混合物样品制成蒸气并用空气稀释，配置的混合物蒸气浓度为 $5000mL/m^3$ 的试验气体环境。把10只白鼠（5只雄性、5只雌性）置于该试验气体环境中1h，然后观察14d。如在14d的观察期内5只以上白鼠死亡，则可推定混合物的 LC_{50} 值等于或小于 $5000mL/m^3$；

2） 对液体混合物的蒸气压进行测量，如果蒸气浓度等于或大于 $1000mL/m^3$，则可推定混合物的挥发度等于或大于混合物 LC_{50} 值的1/5。

4.7.3.4 农药包装类别分类标准

4.7.3.4.1 农药的 LC_{50} 和/或 LD_{50} 值已知并且划入6.1项的所有有效农药物质及其制

剂，应按照4.7.3.1、4.7.3.2和4.7.3.3中所载的标准划归适当的包装类别。具有次要危险性的物质和制剂应按照本标准第5部分危险性先后顺序表进行分类，并划定适当的包装类别；

4.7.3.4.2　如果农药制剂的经口摄入或经皮接触 LD_{50} 值未知，但其有效成分物质的 LD_{50} 值已知，该制剂的 LD_{50} 值可以应用4.7.3.5中的程序得到。

4.7.3.4.3　部分普通农药的 LD_{50} 毒性数据参见《世界卫生组织建议的农药按危险性的分类和分类准则》。虽然该文件可以作为农药 LD_{50} 数据的来源，但其分类制度不得用于运输目的的农药分类或用于划定农药的包装类别，农药的分类应按照本标准划定。

4.7.3.5　确定混合物口服毒性和皮肤接触毒性的方法

4.7.3.5.1　当按照4.7.3.1、4.7.3.2和4.7.3.3中的经口摄入毒性和经皮接触毒性标准对6.1项混合物进行分类和划定适当的包装类别时，需要确定该混合物的急性 LD_{50} 值。

4.7.3.5.2　如果混合物只含有一种有效成分物质，而且该成分的 LD_{50} 值是已知的，在没有可靠的有关待运实际混合物的急性经口摄入毒性和经皮接触毒性的数据时，制剂的 LD_{50} 值按式(5)计算：

$$\text{制剂的}\ LD_{50}\ \text{值} = \frac{\text{有效成分物质的}\ LD_{50}\ \text{值} \times 100}{\text{有效成分物质的含量的数值}} \tag{5}$$

式中：有效成分物质的 LD_{50} 值，单位为毫克每千克(mg/kg)；

有效成分物质的含量的数值，以质量分数表示(%)。

4.7.3.5.3　如果混合物含有一种以上的有效成分，其经口摄入或经皮接触 LD_{50} 值的确定方法有三种。

首选方法是取得可靠的有关待运实际混合物的急性经口摄入和经皮接触毒性数据。在无法得到上述可靠毒性数据时，可以采用以下两种方法之一：

a)　筛选出混合物的最危险成分，并且假定该成分在混合物中的浓度等于所有有效成分的浓度总和。

b)　按式(6)计算混合物的经口摄入 LD_{50}：

$$\frac{C_A}{T_A} + \frac{C_B}{T_B} + \cdots \frac{C_Z}{T_Z} = \frac{100}{T_M} \tag{6}$$

式中：C_A、$C_B \cdots C_Z$——成分A、B、…Z在混合物中的浓度的数值，以质量分数表示(%)；

T_A、$T_B \cdots T_Z$——成分A、B、…Z的经口摄入 LD_{50} 值，单位为毫克每千克(mg/kg)；

T_M——混合物的经口摄入 LD_{50} 值，单位为毫克每千克(mg/kg)。

注：式(6)也适用于经皮接触 LD_{50} 值计算，条件是混合物所有成分的经皮接触 LD_{50} 资料可得。

4.8　第7类：放射性物质

本类物质是指任何含有放射性核素并且其活度浓度和放射性总活度都超过GB 11806规定限值的物质。

4.9　第8类：腐蚀性物质

4.9.1　一般规定

腐蚀性物质是指通过化学作用使生物组织接触时造成严重损伤或在渗漏时会严重损害

甚至毁坏其他货物或运载工具的物质。本类包括满足下列条件之一的物质：

1） 使完好皮肤组织在暴露超过 60min、但不超过 4h 之后开始的最多 14d 观察期内全厚度毁损的物质；

2） 被判定不引起完好皮肤组织全厚度毁损，但在 55℃ 试验温度下，对钢或铝的表面腐蚀率超过 6.25mm/a 的物质。

4.9.2 第 8 类危险货物包装类别的划分

根据腐蚀性物质的危险程度划定三个包装类别：

——Ⅰ类包装：非常危险的物质和制剂；

——Ⅱ类包装：显示中等危险性的物质和制剂；

——Ⅲ类包装：显示轻度危险性的物质和制剂。

符合第 8 类标准并且吸入粉尘和烟雾毒性（LC_{50}）为Ⅰ类包装、但经口摄入或经皮接触毒性仅为Ⅲ类包装或更小的物质或制剂应划入第 8 类。

4.9.2.1 Ⅰ类包装

使完好皮肤组织在暴露 3min 或少于 3min 之后开始的最多 60min 观察期内全厚度毁损的物质。

4.9.2.2 Ⅱ类包装

使完好皮肤组织在暴露超过 3min 但不超过 60min 之后开始的最多 14d 观察期内全厚度毁损的物质。

4.9.2.3 Ⅲ类包装

Ⅲ类包装包括：

a） 使完好皮肤组织在暴露超过 60min 但不超过 4h 之后开始的最多 14d 观察期内全厚度毁损的物质；

b） 被判定不引起完好皮肤组织全厚度毁损，但在 55℃ 试验温度下，对 S235JR + CR 型或类似型号钢或非复合型铝的表面腐蚀率超过 6.25mm/a 的物质（如对钢或铝进行的第一个试验表明，接受试验的物质具有腐蚀性，则无须再对另一金属进行试验）。

4.10 第 9 类：杂项危险物质和物品，包括危害环境物质

4.10.1 本类是指存在危险但不能满足其他类别定义的物质和物品，包括：

a） 以微细粉尘吸入可危害健康的物质，如 UN2212、UN2590；

b） 会放出易燃气体的物质，如 UN2211、UN3314；

c） 锂电池组，如 UN3090、UN3091、UN3480、UN3481；

d） 救生设备，如 UN2990、UN3072、UN3268；

e） 一旦发生火灾可形成二噁英的物质和物品，如 UN2315、UN3432、UN3151、UN3152；

f） 在高温下运输或提交运输的物质，是指在液态温度达到或超过 100℃，或固态温度达到或超过 240℃ 条件下运输的物质，如 UN3257、UN3258；

g） 危害环境物质，包括污染水生环境的液体或固体物质，以及这类物质的混合物（如制剂和废物），如 UN3077、UN3082；

h） 不符合 6.1 项毒性物质或 6.2 项感染性物质定义的经基因修改的微生物和生物

体，如 UN3245；

i） 其他，如 UN1841、UN1845、UN1931、UN1941、UN1990、UN2071、UN2216、UN2807、UN296、UN3166、UN3171、UN3316、UN3334、UN3335、UN3359、UN3363。

4.10.2 危害水生环境物质的分类

物质满足表 5 所列急性 1、慢性 1 或慢性 2 的标准，应列为“危害环境物质（水生环境）”。

表 5 危害水生环境物质的分类

急性（短期）水生危害[a]	慢性（长期）水生危害[b]		
	已掌握充分的慢毒性资料		没有掌握充分的慢毒性资料[a]
	非快速降解物质[c]	快速降解物质[c]	
类别：急性 1	类别：慢性 1	类别：慢性 1	类别：慢性 1
LC_{50}（或 EC_{50}）[d] ≤1.00	$NOEC$（或 EC_x）≤0.1	$NOEC$（或 EC_x）≤0.01	LC_{50}（或 EC_{50}）[d] ≤1.00，并且该物质满足下列条件之一：（1）非快速降解物质；（2）BCF≥500，如没有该数值，$\lg K_{ow}$≥4
—	类别：慢性 2	类别：慢性 2	类别：慢性 2
—	0.1 < $NOEC$（或 EC_x）≤1	0.01 < $NOEC$（或 EC_x）≤0.1	1.00 < LC_{50}（或 EC_{50}）[d] ≤10.0，并且该物质满足下列条件之一：（1）非快速降解物质；（2）BCF≥500，如没有该数值，$\lg K_{ow}$≥4

注：BCF：生物富集系数；

EC_x：产生 x% 反应的浓度，单位为毫克每升（mg/L）；

EC_{50}：造成 50% 最大反应的物质有效浓度，单位为毫克每升（mg/L）；

E_rC_{50}：在减缓增长上的 EC_{50}，单位为毫克每升（mg/L）；

K_{ow}：辛醇溶液分配系数；

LC_{50}（50% 致命浓度）：物质在水中造成一组试验动物 50% 死亡的浓度，单位为毫克每升（mg/L）；

$NOEC$（无显见效果浓度）：试验浓度刚好低于产生在统计上有效的有害影响的最低测得浓度。$NOEC$ 不产生在统计上有效的应受管制的有害影响。$NOEC$ 单位为毫克每升（mg/L）。

a 以鱼类、甲壳纲动物，和/或藻类或其他水生植物的 LC_{50}（或 EC_{50}）数值为基础的急性毒性范围。

b 物质按不同的慢毒性分类，除非掌握所有三个营养水平的充分的慢毒性数据，在水溶性以上或 1mg/L。

c 慢性毒性范围以鱼类或甲壳纲动物的 $NOEC$ 或等效的 EC_x 数值，或其他公认的慢毒性标准为基础。

d LC_{50}（或 EC_{50}）分别指 96hLC_{50}（对鱼类）、48hEC_{50}（对甲壳纲动物），以及 72 或 96hE_rC_{50}（对藻类或其他水生植物）。

5 危险货物危险性的先后顺序

5.1 当一种物质、混合物或溶液有一种以上危险性，而其名称又未列入《规章范本》第3.2章“危险货物一览表”内时，其危险性的先后顺序按表6确定。

5.2 对于具有多种危险性而在《规章范本》第3.2章“危险货物一览表”中没有具体列出名称的货物，不论其在表6中危险性的先后顺序如何，其有关危险性的最严格包装类别优先于其他包装类别。

表6 危险性的先后顺序表

类或项和包装类别		4.2	4.3	5.1			6.1				8					
				Ⅰ	Ⅱ	Ⅲ	Ⅰ		Ⅱ	Ⅲ	Ⅰ		Ⅱ		Ⅲ	
							皮肤	口服			液体	固体	液体	固体	液体	固体
3	Ⅰ[a]……		4.3				3	3	3	3	3	—	3	—	3	—
	Ⅱ[a]……		4.3				3	3	3	3	8	—	3	—	3	—
	Ⅲ[a]……		4.3				6.1	6.1	6.1	3[b]	8	—	8	—	3	—
4.1	Ⅱ[a]……	4.2	4.3	5.1	4.1	4.1	6.1	6.1	4.1	4.1	—	8	—	4.1	—	4.1
	Ⅲ[a]……	4.2	4.3	5.1	4.1	4.1	6.1	6.1	6.1	4.1	—	8	—	8	—	4.1
4.2	Ⅱ……		4.3	5.1	4.2	4.2	6.1	6.1	4.2	4.2	8	8	4.2	4.2	4.2	4.2
	Ⅲ……		4.3	5.1	5.1	4.2	6.1	6.1	6.1	4.2	8	8	8	8	4.2	4.2
4.3	Ⅰ……			5.1	4.3	4.3	6.1	4.3	4.3	4.3	4.3	4.3	4.3	4.3	4.3	4.3
	Ⅱ……			5.1	4.3	4.3	6.1	4.3	4.3	4.3	8	8	4.3	4.3	4.3	4.3
	Ⅲ……			5.1	5.1	4.3	6.1	6.1	6.1	4.3	8	8	8	8	4.3	4.3
5.1	Ⅰ……						5.1	5.1	5.1	5.1	5.1	5.1	5.1	5.1	5.1	5.1
	Ⅱ……						6.1	5.1	5.1	5.1	8	8	5.1	5.1	5.1	5.1
	Ⅲ……						6.1	6.1	6.1	5.1	8	8	8	8	5.1	5.1
6.1	Ⅰ 皮肤										8	6.1	6.1	6.1	6.1	6.1
	Ⅰ 口服										8	6.1	6.1	6.1	6.1	6.1
	Ⅱ 吸入										8	6.1	6.1	6.1	6.1	6.1
	Ⅱ 皮肤										8	6.1	8	6.1	6.1	6.1
	Ⅱ 口服										8	8	8	6.1	6.1	6.1
	Ⅲ……										8	8	8	8	8	8

注：“—”表示不可能组合。

a 自反应物质和固态退敏爆炸品以外的4.1项物质以及液态退敏爆炸品以外的第3类物质。

b 农药为6.1。

5.3 下列物质和物品的危险性总是处于优先地位，其危险性的先后顺序没有列入表6：

a) 第1类物质和物品；

b) 第2类气体；

c) 第3类液态退敏爆炸品；

d） 4.1 项自反应物质和固态退敏爆炸品；

e） 4.2 项发火物质；

f） 5.2 项物质；

g） 具有Ⅰ类包装吸入毒性的6.1 项物质；

h） 6.2 项物质；

i） 第7 类物质。

5.4 具有其他危险性质的放射性物质，无论在什么情况下都应划入第7 类，并确认次要危险性（例外货包中的放射性物质除外）。

6 危险货物编号

危险货物的品名编号采用联合国编号。

二、《道路运输危险货物车辆标志》(GB 13392—2005)

道路运输危险货物车辆标志

1 范围

本标准规定了道路运输危险货物车辆标志的分类、规格尺寸、技术要求、试验方法、检验规则、包装、标志、装卸、运输和储存,以及安装悬挂和维护要求。

本标准适用于道路运输危险货物车辆标志的生产、使用和管理。

2 规范性引用文件

下列文件中的条款通过本标准的引用而成为本标准的条款。凡是注日期的引用文件,其随后所有的修改单(不包括勘误的内容)或修订版均不适用于本标准,然而鼓励根据本标准达成协议的各方研究是否可使用这些文件的最新版本。凡是不注日期的引用文件,其最新版本适用于本标准。

GB 190—1990　危险货物包装标志

GB/T 191　包装储运图示标志　(GB/T 191—2000,EQV ISO 780:1997)

GB/T 2423.1　电工电子产品环境试验　第2部分:试验方法　试验A:低温(GB/T 2423.1—2001,idt IEC 60068-2-1:1990)

GB/T 2423.2　电工电子产品环境试验　第2部分:试验方法　试验B:高温(GB/T 2423.2—2001,idt IEC 60068-2-2:1974)

GB/T 2423.5　电工电子产品环境试验　第二部分:试验方法　试验Ea和导则:冲击(GB/T 2423.5—1995,idt IEC 68-2-27:1987)

GB/T 2423.10　电工电子产品环境试验　第二部分:试验方法　试验Fc和导则:振动(正弦)(GB/T 2423.10—1995,idt IEC 68-2-6:1982)

GB 2893　安全色(GB 2893—2001,neq ISO 3864:1984)

GB/T 6543　瓦楞纸箱

GB 6944　危险货物分类和品名编号

GB 11806　放射性物质安全运输规程

GB/T 18833　公路交通标志反光膜

3 产品分类与规格尺寸

3.1 分类

道路运输危险货物车辆标志分为标志灯和标志牌。

3.2 结构与类型

3.2.1 标志灯

3.2.1.1　结构

标志灯包括灯体和安装件。

标志灯灯体正面为等腰三角形状，由灯罩、安装底板或永磁体（A 型标志灯）、橡胶衬垫及紧固件构成。

标志灯正、反面中间印有“危险”字样，侧面印有“！”，灯罩正面下沿中间嵌有标志灯编号牌。

3.2.1.2　类型

按车辆载质量、安装方式分型，见表 1。

表 1　标志灯类型

类　型	安装方式	代　号	适用车辆
A 型	磁吸式	A	载质量 1t（含）以下，用于城市配送车辆
B 型	顶檐支撑式	BⅠ	载质量 2t（含）以下
		BⅡ	载质量 2t～15t（含）
		BⅢ	载质量 15t 以上
C 型	金属托架式	CⅠ[a]	带导流罩，载质量 2t（含）以下
		CⅡ[a]	带导流罩，载质量 2t～15t（含）
		CⅢ[a]	带导流罩，载质量 15t 以上

a　金属托架为可选件，金属托架按底平面与标志灯基准面的夹角 γ（见图 3）分为 3 种，γ 分别为 30°，45°，60°。

3.2.2　标志牌

3.2.2.1　标志牌的材质为金属板材，形状为菱形。

3.2.2.2　标志牌图形应符合 GB 190—1990 的规定，种类、名称和颜色见附录 A。

3.2.2.3　标志牌按 GB 6944 规定的危险货物的类、项和车辆载质量分型。

3.3　规格和尺寸

3.3.1　标志灯

3.3.1.1　A 型标志灯见图 1 和表 2。

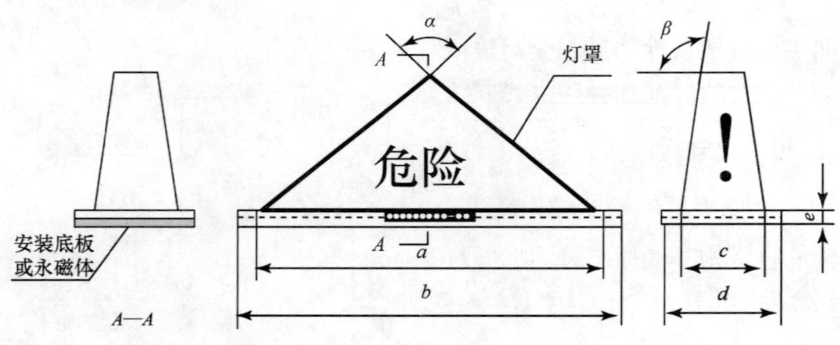

图 1　A 型标志灯

表2　A型标志灯尺寸

类　　型	尺　　寸						
	a(mm)	b(mm)	c(mm)	d(mm)	e(mm)	α(°)	β(°)
A	400	440	100	140	22	100	100

3.3.1.2　B型标志灯见图2和表3。标志灯灯体与金属杆用螺栓连接，以弹簧垫圈方式锁紧。

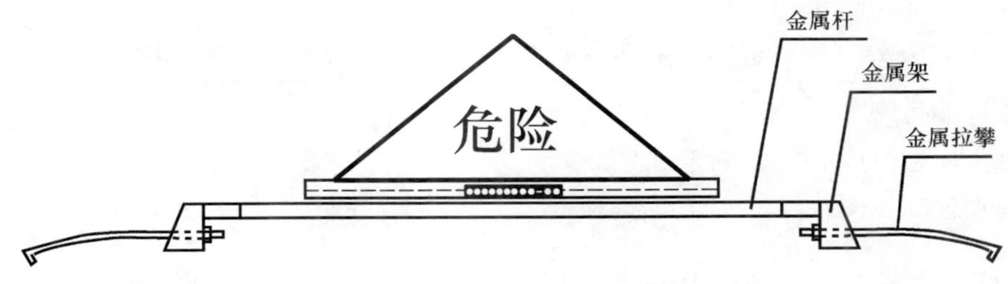

图2　B型标志灯

注：尺寸标注见A型标志灯。

表3　B型标志灯尺寸

类　　型	尺　　寸						
	a(mm)	b(mm)	c(mm)	d(mm)	e(mm)	α(°)	β(°)
BⅠ	400	440	100	140	22	100	100
BⅡ	460	500	120	160	22	100	100
BⅢ	520	560	140	180	22	100	100

3.3.1.3　C型标志灯见图3。C型标志灯灯体尺寸与B型相同。标志灯灯体与金属托架、金属托架与汽车导流罩用螺栓连接，以弹簧垫圈方式锁紧。

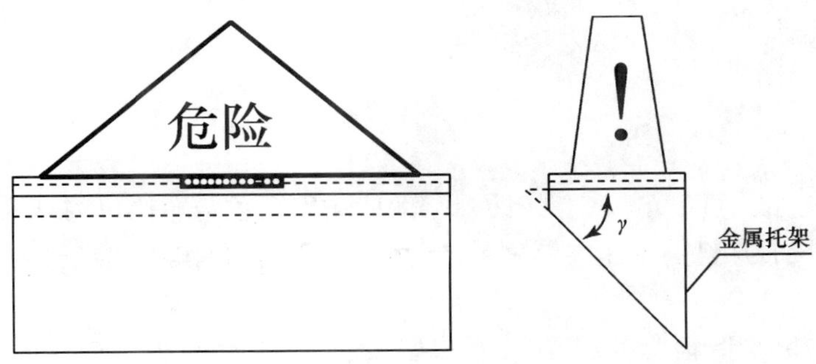

图3　C型标志灯

3.3.2　标志牌

菱形标志牌的4个内角均为直角，边长、厚度按车辆载质量分型方式确定，见表4。

表4　标志牌类型和尺寸　　　　单位为毫米

类　型	代　号	边　长	厚　度	适用车辆
PⅠ	PⅠ－n^a	250	≥1	载质量2t（含）以下
PⅡ	PⅡ－n^a	300	≥1.25	载质量2t～15t（含）
PⅢ	PⅢ－n^a	350	≥1.5	载质量15t以上
a　代号中的“n”为数字1～18，与附录A中“编号”栏相一致，图形与附录A中“标志牌图形”栏相对应。				

3.4　标志灯编号牌

3.4.1　每个标志灯应有一个确定编号。

3.4.2　编号规则见图4。

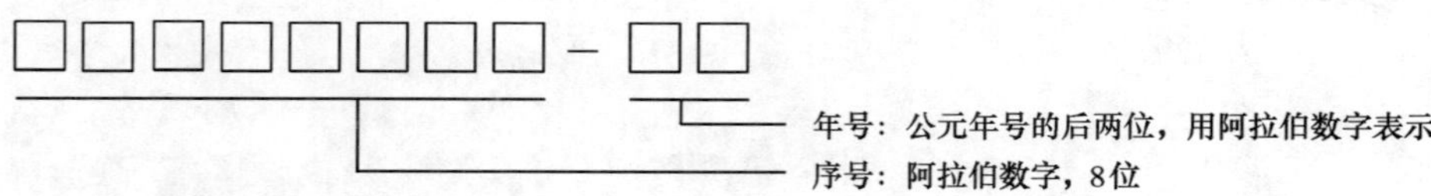

图4　标志灯编号规则

3.4.3　编号牌为长100mm宽20mm铝质金属牌，编号字体为黑体，用腐蚀工艺制作使边框与编号适量凸出，凹陷部分涂黑色，见图5。

12345678-05

图5　标志灯编号牌

3.4.4　编号牌用螺栓或粘贴方式固定于标志灯正面下方、中部，编号牌下沿距灯罩底沿1mm。

4　技术要求

4.1　标志灯

4.1.1　标志灯的光源为荧光物质。按照GB 2893中安全色与对比色的规定，灯罩为荧光黄色，正反面边框线条为黑色，字体为黑色黑体；侧面“！”为黑色黑体，线条、字体和符号使用反光材料附着或印刷。

4.1.2　灯罩材质为ABS树脂，应一次注塑成型，表面光洁无气泡，有较好的耐低温、耐高温、抗振动、抗冲击性。

4.1.3　荧光黄色在正常使用条件下应至少保持两年不褪色，黑色边框线条、字体及符号至少两年不褪色、不剥落。荧光物质的正常使用寿命不少于两年。

4.1.4 灯罩材料内加入荧光物质或表面附着荧光膜，夜间发光的可视距离不少于150m，在夜间车辆正常行驶时不少于每10min会车一次情况下可持续达到发光要求。

4.1.5 安装底板的材质为工程塑料，厚度不低于10mm。

4.1.6 灯罩、橡胶衬垫、安装底板连接处应涂密封脂，防止腐蚀性气体或雨水侵入。

4.2 标志牌

4.2.1 基板材质为铝合金，工作表面贴覆符合GB/T 18833要求的定向反光膜。

4.2.2 采用冲压成形工艺，使图形凸出量不小于0.5mm；按附录A规定的颜色以反光材料印刷图形。

4.2.3 反光膜、印刷图形能有效地防止酸、碱液或腐蚀性烟雾的侵蚀，使用寿命不少于2年。

5 试验方法

5.1 外观质量

5.1.1 目视检测，标志灯灯罩、安装底板表面应平整、无气泡；线条、字体和符号着色应均匀，边缘应清晰、平滑。

5.1.2 目视检测，标志牌反光膜附着应平整、无气泡；冲压图形边缘清晰、反光膜无断裂；印刷图形着色应均匀，边缘应清晰、平滑。

5.2 发光质量

目视检测，标志灯发光应均匀；在全黑暗情况下进行对比试验，以普通小汽车远光灯距离10m直射标志灯10s，观测其亮度变化，在10min内应始终不低于内置21W汽车灯泡的对比标志灯亮度。

5.3 低温试验

试验应符合GB/T 2423.1的规定。

试验参数：温度－25℃，时间72h。

试验后立即检查试样的外观，应无变形或断裂现象。

5.4 高温试验

试验应符合GB/T 2423.2的规定。

试验参数：温度40℃，时间72h。

试验后立即检查试样的外观，应无变形或断裂现象。

5.5 振动试验

试验应符合GB/T 2423.10的规定。

试验参数：频率范围10Hz～150Hz，扫频速率为每分钟一个倍频程，加速度幅值10m/s^2，扫频循环数20，在试样的竖直轴线上试验。

试验后立即检查试样的外观及紧固部位情况，试样应无机械损伤和紧固部位松动现象。

5.6 冲击试验

试验应符合GB/T 2423.5的规定。

试验参数：峰值加速度150m/s^2，持续时间11ms，脉冲波形为半正弦或后峰锯齿，在试样的3个相互垂直的轴线上各连续冲击1000次。

试验后立即检查试样的外观及紧固部位情况，试样应无机械损伤和紧固部位松动现象。

6 检验规则

6.1 出厂检验

6.1.1 产品出厂需经质量检验合格，并签发合格证后方能出厂。

6.1.2 标志灯出厂检验项目包括：外观、发光。标志牌出厂检验项目为外观。

6.2 型式检验

6.2.1 有下列情况之一时，进行型式检验：

a） 投入批量生产前；

b） 正式生产后，如结构、材料、工艺有较大改变，可能影响产品性能时；

c） 出厂检验结果与上次型式检验有较大差异时；

d） 国家及部级质量监督机构提出进行型式检验要求时。

6.2.2 型式检验应按第4章和第5章进行。

7 产品的包装、标志、装卸、运输和储存

7.1 包装

7.1.1 标志灯外包装为瓦楞纸箱。内包装为硬纸盒，以定型吹塑泡沫衬垫保护。每个纸盒内附有产品说明书和产品检验合格证。

7.1.2 标志牌每块用塑料薄膜封装，外包装为瓦楞纸箱，每箱装不超过50块。

7.1.3 瓦楞纸箱应符合GB/T 6543的要求。

7.2 标志

7.2.1 产品标志

7.2.1.1 标志灯

标志灯应有清新、耐久的产品标志，至少包括下列内容：

a） 产品名称、代号和生产编号；

b） 制造厂名、生产日期、产品有效期及商标、防伪标志。

7.2.1.2 标志牌

标志牌的产品标志至少包括下列内容：

a） 产品名称、代号和生产编号；

b） 制造厂名、生产日期及商标、防伪标志。

7.2.2 包装标志

外包装件上应印有GB/T 191规定的“防雨”、“向上”、“易碎”（标志牌除外）图示标志，正反两面印有产品标志，两侧面印有包装件的外形尺寸、重量、内装数量。

7.3 装卸和运输

装卸时应轻装轻卸、堆码整齐；运输时应捆扎牢固，使用厢式车辆运载。

7.4 储存

库内存放，注意防潮。标志灯储存期不超过2年，标志牌储存期不超过4年。

8 安装悬挂要求

8.1 标志灯

8.1.1 标志灯安装于驾驶室顶部外表面中前部(从车辆侧面看)中间(从车辆正面看)位置,以磁吸或顶檐支撑、金属托架方式安装固定。安装位置参见附录B。

8.1.2 对于带导流罩车辆,可视导流罩表面流线型和选择的金属托架角度确定安装位置,允许自制金属托架,允许在金属托架与导流罩间加衬垫,应保证标志灯安装正直。

8.2 标志牌

8.2.1 标志牌一般悬挂于车辆后厢板或罐体后面的几何中心部位附近,避开车辆放大号;对于低栏板车辆可视情选择适当悬挂位置。悬挂位置参见附录C。

8.2.2 运输爆炸、剧毒危险货物的车辆,应在车辆两侧面厢板几何中心部位附近的适当位置各增加一块悬挂标志牌。

8.2.3 运输放射性危险货物的车辆,标志牌的悬挂位置和数量应符合GB 11806的规定。

8.2.4 根据车辆结构或用途,选择螺栓固定、铆钉固定、黏合剂粘贴固定或插槽固定(可按使用需要随时更换)等方式安装固定标志牌。

8.2.5 对于罐式车辆,可选择按规定位置悬挂标志牌或以反光材料按3.2.2.2和3.2.2.3的规定在罐体上喷绘标志。

8.2.6 悬挂的标志牌应按GB 6944与所运载危险货物(一种危险货物具有多重危险性时与主要危险性,多种危险货物混装时与主要危险货物的主要危险性)的类、项相对应,与标志灯同时使用。

9 车辆标志的维护

9.1 车辆驾驶员应对使用中的车辆标志进行经常性检查和维护,保持车辆标志的清洁和完好。

9.2 车辆在装、卸载可能导致车辆标志腐蚀、失效的化学危险品后,应及时对车辆标志进行检查,必要时对车辆标志进行清洗和擦拭。

9.3 标志灯正常使用期限为2年,标志牌正常使用期限为4年。在使用期限内车辆标志发生破损、失效时,应及时更换。

附　录　A
（规范性附录）
标示牌图形

A.1　标志牌图形见表A.1。

表A.1　标志牌图形

编　号	名　称	标志牌图形	对应的危险货物类项号
1	爆炸品	爆炸品 1 （底色：橙红色，图案：黑色）	1.1 1.2 1.3
2	爆炸品	1.4 爆炸品 1 （底色：橙红色，图案：黑色）	1.4
3	爆炸品	1.5 爆炸品 1 （底色：橙红色，图案：黑色）	1.5

续上表

编　号	名　称	标志牌图形	对应的危险货物类项号
4	易燃气体	易燃气体 2 （底色:红色,图案:黑色）	2.1
5	不燃气体	不燃气体 2 （底色:绿色,图案:黑色）	2.2
6	有毒气体	有毒气体 2 （底色:白色,图案:黑色）	2.3
7	易燃液体	易燃液体 3 （底色:红色,图案:黑色）	3

续上表

编　号	名　称	标志牌图形	对应的危险货物类项号
8	易燃固体	易燃固体 4 （底色：白色红条，图案：黑色）	4.1
9	自燃物品	自燃物品 4 （底色：上白下红色，图案：黑色）	4.2
10	遇湿易燃物品	遇湿易燃物品 4 （底色：蓝色，图案：黑色）	4.3
11	氧化剂	氧化剂 5.1 （底色：柠檬黄色，图案：黑色）	5.1

续上表

编　　号	名　　称	标志牌图形	对应的危险货物类项号
12	有机过氧化物	有机过氧化物 5.2 （底色：柠檬黄色，图案：黑色）	5.2
13	剧毒品	剧毒品 6 （底色：白色，图案：黑色）	6.1
14	有毒品	有毒品 6 （底色：白色，图案：黑色）	6.1
15	有害品 （远离食品）	有害品（远离食品）6 （底色：白色，图案：黑色）	6.1

续上表

编　号	名　称	标志牌图形	对应的危险货物类项号
16	感染性物品	感染性物品 6 （底色：白色，图案：黑色）	6.2
17	腐蚀品	腐蚀品 8 （底色：上白下黑色，图案：上黑下白色）	8
18	杂类	杂类 9 （底色：白色，图案：黑色）	9

A.2　运输放射性危险货物车辆的标志牌图形应符合 GB 11806 的规定。

附　录　B
（资料性附录）
标示灯安装位置

B.1　A 型标志灯安装位置见图 B.1。

图 B.1　A 型标志灯安装位置

B.2　B 型标志灯安装位置见图 B.2。

图 B.2　B 型标志灯安装位置

B.3　C 型标志灯安装位置见图 B.3。

图 B.3　C 型标志灯安装位置

附　录　C
（资料性附录）
标志牌悬挂位置

C.1　低栏板车辆标志牌悬挂位置，推荐悬挂于栏板上，必要时重新布置放大号。见图C.1。

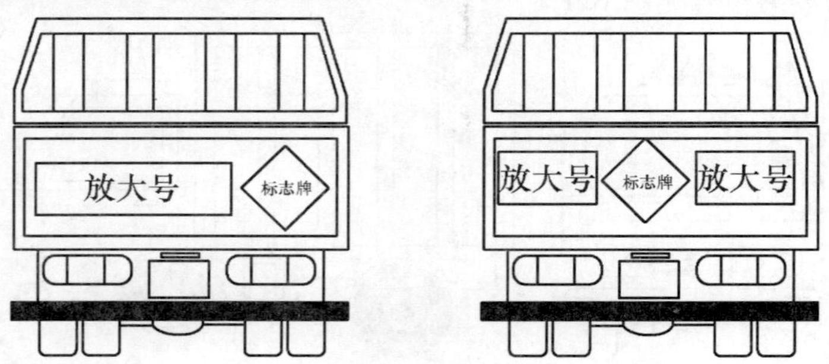

图C.1　低栏板式车辆标志牌悬挂位置

C.2　厢式车辆标志牌悬挂位置一般在车辆放大号的下方或上方，推荐首选下方；左右尽量居中。集装箱车、集装罐车、高栏板车类同。见图C.2。

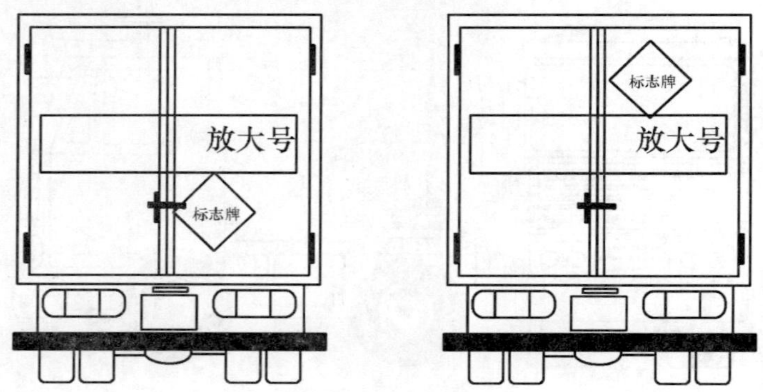

图C.2　厢式车辆标志牌悬挂位置

C.3　罐式车辆标志牌悬挂位置一般在车辆放大号下方或上方，推荐首选下方；左右尽量居中。见图C.3。

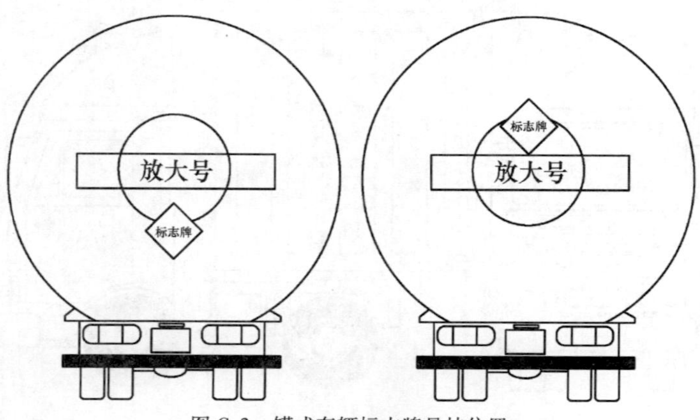

图C.3　罐式车辆标志牌悬挂位置

C.4 运输爆炸、剧毒危险货物的车辆，在车辆两侧面厢板各增加悬挂一块标志牌，悬挂位置一般居中。见图 C.4。

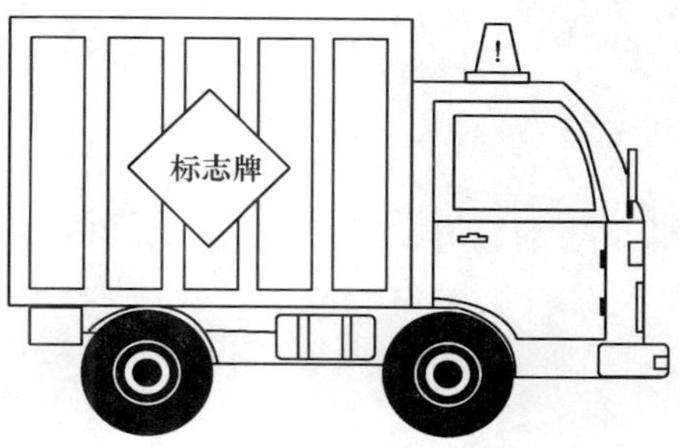

图 C.4 标志牌侧面悬挂位置

三、《道路运输爆炸品和剧毒化学品车辆安全技术条件》（GB 20300—2006）

道路运输爆炸品和剧毒化学品车辆安全技术条件

1　范围

本标准规定了道路运输爆炸品和剧毒化学品车辆的术语和定义、要求、标志和随车文件。

本标准适用于在道路上运输爆炸品和剧毒化学品的汽车和挂车（以下简称车辆）。

2　规范性引用文件

下列文件中的条款通过本标准的引用而成为本标准的条款。凡是注日期的引用文件，其随后所有的修改单（不包括勘误的内容）或修订版均不适用于本标准，然而，鼓励根据本标准达成协议的各方研究是否可使用这些文件的最新版本。凡是不注日期的引用文件，其最新版本适用于本标准。

GB 1589　道路车辆外廓尺寸、轴荷及质量限值
GB/T 1992—1985　集装箱名词术语
GB 4208　外壳防护等级（IP 代码）
GB/T 4606　道路车辆　半挂车牵引座 50 号牵引销的基本尺寸和安装、互换性尺寸（GB/T 4606—2006，ISO 337：1981，IDT）
GB/T 4607　道路车辆　半挂车牵引座 90 号牵引销的基本尺寸和安装、互换性尺寸（GB/T 4607—2006，ISO 4086：2001，IDT）
GB 7258　机动车运行安全技术条件
GB/T 8416—2003　视觉信号表面色
GB 12268　危险货物品名表
GB 13365　机动车排气火花熄灭器性能要求和试验方法
GB 13392　道路运输危险货物车辆标志
GB/T 13594　机动车和挂车防抱制动性能和试验方法
GB/T 18833—2002　公路交通标志反光膜
GB/T 19056　汽车行驶记录仪
AQ 3004　危险化学品汽车运输安全监控车载终端
JT 230　汽车导静电橡胶拖地带
QC/T 518　汽车用螺纹紧固件拧紧扭矩规范
国家安全生产监督管理总局公告　剧毒化学品名录

3 术语和定义

下列术语和定义适用于本标准。

3.1

爆炸品 explosive substance

在外界作用下(如受热、撞击等),能发生剧烈的化学反应,瞬时产生大量的气体和热量,使周围压力急骤上升,发生爆炸,对周围环境造成破坏的物品。本标准中爆炸品是指 GB 12268 规定的爆炸品。民用爆破器材除外。

3.2

剧毒化学品 chemical toxic substance

具有非常剧烈毒性危害的化学品,包括人工合成的化学品及其混合物(含农药)和天然毒素。本标准中剧毒化学品是指列入国家安全生产监督管理总局公告《剧毒化学品名录》中的剧毒化学品。

3.3

罐体有效容积 actual capacity of tank

常温下,罐体装满水时所容纳的水的体积。

4 要求

4.1 底盘要求

4.1.1 发动机

总质量大于2000kg 的爆炸品运输车辆的发动机应为压燃式。

4.1.2 排气系统

4.1.2.1 车辆发动机燃料系统的安全防护应符合 GB 7258 的规定

4.1.2.2 车辆发动机排气装置应具备熄灭排气火花的功能。若装用排气火花熄灭器应符合 GB 13365 的要求。

4.1.2.3 总质量大于2000kg 的车辆的发动机排气装置应安装在车身前部,排气管与运输货物的距离至少大于300mm,其出气口要远离运输货物,距离不得小于500mm;总质量小于2000kg(含2000kg)的车辆的发动机排气装置宜安装在车身前部,如安装在货厢底板下部,排气管与货厢底板之间应加装带有反射热辐射材料的隔热板,排气管与运输货物的距离至少大于150mm。

4.1.3 轮胎

车辆应装用子午线轮胎

4.1.4 限速器

车辆应配备限速装置。限速装置的调定速度不得大于90km/h。

4.1.5 防抱制动装置

4.1.5.1 N 类车辆必须装备符合 GB/T 13594 规定的1类防抱制动装置;0 类车辆必须装备符合 GB/T 13594 规定的 A 类防抱制动装置。

4.1.5.2 汽车列车的牵引车和挂车,其防抱制动性能应相匹配。

4.1.5.3　所有车辆必须装备制动器自动间隙调整臂。

4.1.6　电气装置

4.1.6.1　导线应有足够的截面积以防止过热，且应可靠绝缘。不经过电源总开关而直接接通蓄电池的线路应采取可靠的过热保护措施。

4.1.6.2　驾驶室内应设置用于电源总开关开、闭操作的控制装置，开关盒应符合 GB 4208 规定的 IP65 防护等级的要求，开关上的线束接头应符合 GB 4208 规定的 IP54 防护等级的要求。

4.1.6.3　蓄电池接线端子应采取可靠的绝缘保护措施或用绝缘的蓄电池箱盖住。

4.2　整车要求

4.2.1　车辆结构

车辆应为罐式车辆或货厢为整体封闭结构的厢式车辆。

4.2.2　尺寸参数

4.2.2.1　车辆的尺寸参数应符合 GB 1589 的规定。

4.2.2.2　罐式车辆满载时，同一车轴的轮胎接地点外侧间距与质心高度的比值不得小于0.9。

4.2.3　质量参数

4.2.3.1　车辆的质量参数应符合 GB 1589 的规定，且不得超过该底盘的最大允许总质量。

4.2.3.2　非罐式车辆的最大允许装载质量不得超过 10000kg

4.2.4　罐体有效容积

运输爆炸品车辆的罐体有效容积不得超过 $20m^3$，运输剧毒化学品车辆的罐体有效容积不得超过 $10m^3$。

4.2.5　罐体防护要求

4.2.5.1　罐体及罐体上的管路及管路附件不得超出车辆的侧面及后下部防护装置，罐体后封头及罐体后封头上的管路和管路附件与后下部防护装置的纵向距离不得小于 150mm。

4.2.5.2　罐体顶部应设置具有足够强度的倾覆保护装置，该装置应有能将积聚在其内部的液体排出的排放阀。罐体顶部的管接头、阀门及其他附件的最高点必须低于倾覆保护装置的最高点至少 20mm。

4.2.6　厢体基本要求

4.2.6.1　货厢结构为封闭式，具有防火、防雨、防盗功能，并具有一定的强度和刚度。货厢内蒙皮应采用有色金属或不易发火的非金属材料。货厢面板内外蒙皮之间采用阻燃隔热材料填充。货厢侧壁或前后壁板应根据需要设置具有防雨功能的通风窗。

4.2.6.2　货厢门应安装密封条。密封条应固定可靠，防雨防尘密封良好。

4.2.6.3　货厢门铰链应固定可靠，旋转自如。锁止结构安全可靠。

4.2.6.4　货厢内不得装设照明灯光，不得敷设电气线路。

4.2.6.5　货厢内应设置货物固定紧固装置，在货厢前壁、侧壁设置一定数量的固定绳钩。

4.2.6.6　货厢内应设置货物起火燃烧报警装置；货厢门上应设置防盗报警装置；总质量大于或等于 9000kg 的车辆驾驶室内应装监视器，其摄像头应设在货厢后部上端，并应有良好的观察效果。

4.2.7 连接装置的规格强度

4.2.7.1 罐体或厢体应通过焊接或铆接的支架用螺栓固定在底盘上(符合 GB/T 1992 规定的罐式集装箱除外)。

4.2.7.2 连接装置所采用的螺栓的强度等级应不低于 8.8 级,螺栓拧紧力矩应符合 QC/T 518 的要求,并应采取可靠的防松结构和措施。

4.2.7.3 半挂车牵引销应符合 GB/T 4606、GB/T 4607 的规定。

4.2.8 防静电措施

4.2.8.1 底盘、罐体或厢体、管道及其他相关附件等相关装置任意两点间的电阻值应不大于 5Ω。

4.2.8.2 货厢内底板应铺设阻燃导静电胶板,厚度不小于 5mm,导静电胶板任意一点与拖地带之间的电阻值为 $10^4\Omega \sim 10^8\Omega$。

4.2.8.3 需配置输送泵的车辆,应采用离心泵、叶片泵或其他不易积聚静电的泵,泵送系统应形成导静电通路。

4.2.8.4 装卸软管所用材质应与所装运介质相适应,应采用防静电胶管,装卸软管两端金属件之间的电阻值应不大于 5Ω。

4.2.8.5 车辆必须装设接地线,接地线应柔软,展开、收回灵活,末端应装设弹性"鳄鱼夹",接地线与车架之间的电阻值应不大于 5Ω。

4.2.8.6 车辆底部必须设置导静电拖地带,其性能应符合 JT 230 的规定。

4.2.9 灭火器

驾驶室内应配备一个干粉灭火器。在车辆两边应配备与所装载介质性能相适应的灭火器各一个,灭火器应固定牢靠、取用方便。

4.2.10 其他要求

驾驶室内部应有放置应急设施的空间和放置应急设施的装置。

5 车辆监控装置

5.1 行驶记录仪

5.1.1 车辆应安装符合 GB/T 19056 规定的行驶记录仪。

5.1.2 行驶记录仪应安装在驾驶室内部并便于使用者查看及提取数据的位置。

5.1.3 行驶记录仪的主电源应为车辆电源。对所有导线均应有适当保护,以保证这些导线不会接触到可能会引起导线绝缘损伤的部件。接线应布置整齐,并固定可靠。

5.2 监控车载终端

5.2.1 车辆应安装符合 AQ 3004 规定的安全监控车载终端。

5.2.2 安全监控车载终端应安装在驾驶室内或根据需要安置在挂车适当位置。

5.2.3 车载终端的主电源应为车辆电源。在无法获得车辆电源时可由车载终端的备用电池组供电,备用电池组可支持正常工作时间不小于 8h。电源导线应用不同颜色或标号(等距离间隔标出)明确标示。接线应布置整齐,并固定可靠。天线应远离其他敏感的电子设备。车载终端的地线应连接到车辆底盘上。

6 标志

6.1 车辆应安装符合 GB 13392 要求的标志牌(式样见附录 A)和标志灯。

6.2 在车辆后部应安装安全标示牌(式样见附录 B)。安全标示牌为白底黑字,字迹要求清晰完整,安装在车辆后部。安全标示牌为矩形,尺寸为 350mm × 175mm。

6.3 在车辆的后部和两侧应粘贴橙色反光带以标示车辆的轮廓(式样见附录 C),橙色反光带的宽度为 150mm ± 20mm。橙色反光材料的亮度因数应符合 GB/T 8416—2003 中表 5 的规定,橙色反光材料色品坐标应符合 GB/T 8416—2003 中表 6 的规定,其逆反射性能应符合 GB/T 18833—2002 中表 3 规定的一级红色反光膜。

6.4 厢式车辆的货厢外部颜色应为浅色。

7 随车文件

车辆应配备车辆使用说明书。使用说明书的编写应包括以下内容:

a） 产品名称与型号;

b） 生产企业名称、详细地址;

c） 技术特点及参数;

d） 装运的危险货物品名和应急措施;

e） 禁止混装与换装的规定;

f） 行驶速度要求;

g） 停车熄火要求;

h） 车辆维修保养的特殊规定。

附 录 A
(资料性附录)
标 志 牌

见图 A.1 和图 A.2。

图 A.1 爆炸品标志牌示例

图 A.2 剧毒化学品标志牌示例

附 录 B
（资料性附录）
安全标示牌

见图 B.1 和图 B.2。

350mm

175mm

品　　名		种　　类	
罐体容积		核载质量	
施救方法			
联系电话			

图 B.1　罐式车辆安全标示牌示例

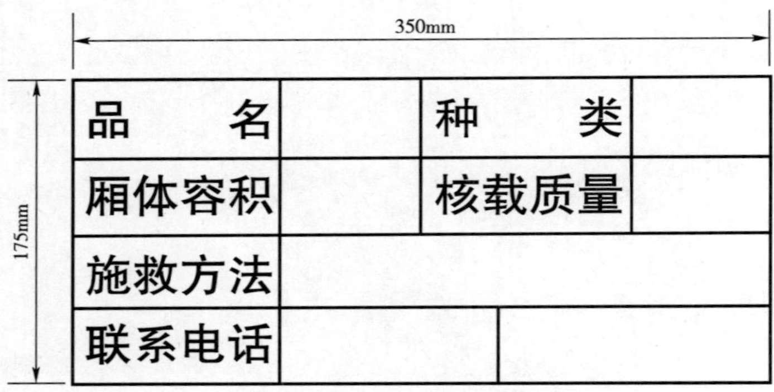

品　　名		种　　类	
厢体容积		核载质量	
施救方法			
联系电话			

图 B.2　厢式车辆安全标示牌示例

附 录 C
（资料性附录）
反光带、标志牌及安全标示牌位置

见图 C.1 和图 C.2。

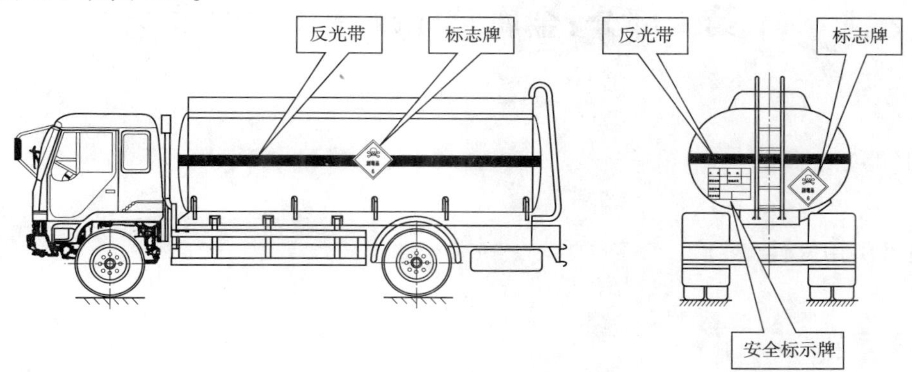

图 C.1 罐式车辆反光带、标志牌及安全标示牌位置示例

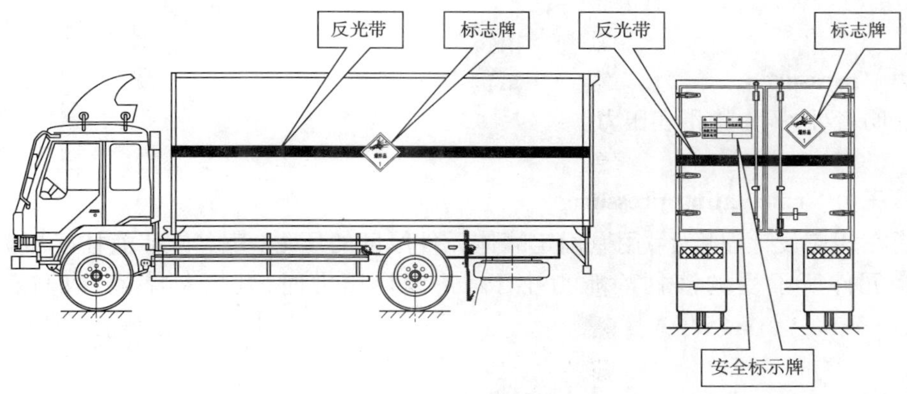

图 C.2 厢式车辆反光带、标志牌及安全标示牌位置示例

四、《道路运输液体危险货物罐式车辆　第1部分：金属常压罐体技术要求》(GB 18564.1—2006)(选编)

道路运输液体危险货物罐式车辆
第1部分：金属常压罐体技术要求

1　范围(略)

2　规范性引用文件(略)

3　术语和定义

GB/T 3730.1、GB/T 3730.2、JB/T 4734、JB/T 4735 确立的以及下列术语和定义适用于本部分。

3.1

压力　pressure

除注明者外，压力均指表压力。

3.2

计算压力　calculating pressure

系指在相应设计温度下，用以确定罐体元件厚度的压力，其中包括液柱静压力和动载荷等。当元件所承受的液柱静压力小于5%设计压力时，则可忽略液柱静压力，单位为MPa。

3.3

罐体　tank body

系指由筒体、封头、人孔、接管和装卸口等构成的封闭容器。

3.4

安全附件　safety attachments

系指安装于罐体上的安全泄放装置(呼吸阀、安全阀、爆破片装置、安全阀与爆破片串联组合装置和排放系统等)、紧急切断装置、液位测量装置、压力测量装置、温度测量装置及导静电装置等能起安全保护作用的附件的总称。

3.5

排放系统　venting system

系指用于紧急泄放因罐体内部介质的聚合、分解等反应所引起的超压而设置的保护装置。

3.6

道路运输液体危险货物罐式车辆　road tanker for dangerous liquid goods

系指罐体内装运液体危险货物，且与定型汽车底盘或半挂车车架永久性连接的道路运输罐式车辆。

3.7

液体　liquid

系指在50℃时蒸气压不大于0.3MPa（绝压）或在20℃和0.1013MPa（绝压）压力下不完全是气态，在0.1013MPa（绝压）压力下熔点或起始熔点不大于20℃的货物。

3.8

液体危险货物　dangerous liquid goods

系指具有爆炸、易燃、毒害、感染、腐蚀等危险特性，在运输、储存、生产、经营、使用和处置中，容易造成人身伤亡、财产损毁或环境污染而需要特别防护的液体货物。

3.9

标准钢　reference steel

系指标准抗拉强度下限值（R_m）为370MPa，断后伸长率（A）为27%的碳素钢。

4　总论（略）

5　设计（选编）

……

5.4.9　罐体允许最大充装量

5.4.9.1　罐体允许最大充装量应按式（1）计算：

$$W = \Phi_v V \tag{1}$$

式中：W——罐体允许最大充装量，单位为吨（t）。

Φ_v——单位容积充装量，单位为吨每立方米（t/m^3），按下列原则确定：

a）轻质燃油类介质按QC/T 653确定；

b）其他类介质应按罐体设计温度下，其罐内至少留有5%，且不大于10%的气相空间及该温度下的介质密度来确定。

V——罐体设计容积，单位为立方米（m^3）。

5.4.9.2　罐体允许最大充装质量应不大于罐车的额定载质量。

……

5.4.13　罐体最小厚度

5.4.13.1　在任何情况下，罐体最小厚度应不小于5.4.13.2～5.4.13.3规定，其不包含材料厚度负偏差、腐蚀裕量以及加工制造过程中的工艺减薄量。

5.4.13.2　最小厚度应符合下列要求：

a）对采用标准钢材料的罐体：当直径不大于1800mm时，其最小厚度应不小于5mm；当直径大于1800mm时，其最小厚度应不小于6mm；

b）对采用其他钢材的罐体，其最小厚度可由式（3）求出；

c） 对采用铝或铝合金材料的罐体，其最小厚度可按式(4)求出。

$$\delta_1 = \frac{464\delta_0}{\sqrt[3]{(R_{m1}A_1)^2}} \tag{3}$$

$$\delta_1 = \frac{21.4\delta_0}{\sqrt[3]{(R_{m1}A_1)}} \tag{4}$$

式中：δ_1——所用材料的罐体最小厚度，单位为毫米(mm)；

δ_0——a)或5.4.13.3中a)所列的标准钢的罐体最小厚度，单位为毫米(mm)；

R_{m1}——所用材料的标准抗拉强度下限值，单位为兆帕(MPa)；

A_1——所用材料的断后伸长率(%)。

5.4.13.3 在横向冲击或翻倒情况下，当装有防止罐体破坏的保护装置时，在符合5.4.13.4规定的条件下，最小厚度可适当减小，且按下列规定选取：

a） 对采用标准钢的罐体：当直径不大于1800mm时，其最小厚度应不小于3mm；当直径大于1800mm时，其最小厚度应不小于4mm；

b） 对其他金属材料制作的罐体，其最小厚度分别按式(3)或式(4)求出，且不小于表1的规定。

表1 罐体最小厚度 单位为毫米

罐体的直径	≤1800	>1800
奥氏体不锈钢	≥2.5	≥3
其他钢材	≥3	≥4
铝合金	≥4	≥5
99.60%纯铝	≥6	≥8

5.4.13.4 防止罐体破坏的保护装置的安装应符合下列规定：

a） 罐体内装有加强部件，加强部件由隔仓板、防波板、外部或内部加强圈等组成，加强部件的垂直截面，连同罐体的有效加强段，其组合截面模量至少为10^4mm^3，外部加强件的棱角半径不应低于2.5mm；

b） 加强部件的布置至少应满足下列条件之一：

——相邻两个加强部件之间的距离不超过1750mm；

——相邻两个隔仓板或防波板之间的罐体几何容积不大于$7.5m^3$，隔仓板或防波板的厚度不小于罐体壁厚；防波板的有效面积应至少为罐体横截面积的70%。

c） 对固体保温层(如聚胺脂)厚度至少为50mm的双壁罐，当保温层外壳采用低碳钢时，厚度应不小于0.5mm，采用玻璃纤维加强的塑料材料时，厚度应不小于2mm。

5.4.13.5 封头、隔仓板的形状应为碟形，其深度应不小于100mm，也可采用波状或其他具有相同强度的结构。

5.4.13.6 封头、隔仓板不应采用无折边结构，其最小厚度不小于罐体最小厚度。

……

5.5.3 紧急切断装置

5.5.3.1 紧急切断装置一般应由紧急切断阀、远程控制系统，以及易熔塞自动切断装置组成,紧急切断装置应动作灵活、性能可靠、便于检修。

5.5.3.2 紧急切断阀的设置应尽可能靠近罐体的根部,不应兼作他用,在非装卸时紧急切断阀应处于闭合状态。

5.5.3.3 紧急切断阀应能防止任何因冲击或意外动作所致的无意识的打开。为防止在外部配件(管道,外侧切断装置)损坏的情况下罐内液体泄漏,内部截止阀应设计成剪式结构。

5.5.3.4 远程控制系统的关闭操作装置应装在人员易于到达的位置。

5.5.3.5 当环境温度达到规定值时,易熔塞自动切断装置应能自动关闭紧急切断阀。

5.5.3.6 紧急切断装置的设置还应符合下列规定:

a) 易熔塞的易熔合金熔融温度应为75℃ ±5℃;

b) 油压式或气压式紧急切断阀应保证在工作压力下全开,并持续放置48h不致引起自然闭止;

c) 紧急切断阀自始闭起,应在10s内闭止;

d) 紧急切断阀制成后应经耐压试验和气密性试验合格;

e) 受介质直接作用的紧急切断装置部件应进行耐压试验和气密性试验,其耐压试验压力应不低于罐体的耐压试验压力,保压时间应不少于10 min;气密性试验压力取罐体的设计压力。

5.5.4 装卸软管

5.5.4.1 软管与介质接触部分应与介质相容。

5.5.4.2 软管与快装接头的连接应牢固、可靠。

5.5.4.3 软管在承受4倍罐体设计压力时不应破裂。

5.5.4.4 软管不应有变形、老化及堵塞等问题。

5.5.4.5 软管在1.5倍装卸系统最高工作压力下,保压5min不应泄漏。

……

6 制造(略)

7 试验方法(略)

8 出厂检验(略)

9 涂装与标志标识

9.1 涂装

罐体的涂装及外观质量除符合JB/T 4711的规定外,还应满足如下要求:

a) 所有外露碳钢或低合金钢表面均应进行除锈处理。

b) 碳钢或低合金钢罐体的涂漆颜色应为浅色或不与环形橙色反光带混淆的其他颜色。铝及铝合金或不锈钢制罐体的涂漆要求按设计图样的规定。

c) 所涂油漆应色泽鲜明、分界整齐,无皱皮、脱漆、污痕等。

9.2 标志

罐体(车)的标志除应符合GB 13392的规定外,还应满足如下要求:

a） 罐体应有一条沿通过罐体中心线的水平面与罐体外表面的交线对称均匀粘贴的环形橙色反光带，反光带宽度不小于150mm；

b） 罐车应标志识别代码（VIN）；

c） 罐体（车）标志的其余要求应符合 GB 20300 的规定。

9.3 标识

9.3.1 罐体两侧后部色带的上方喷涂装运介质的名称，字高不小于200mm，字体为仿宋体，字体颜色按如下要求：

a） 易燃、易爆类介质：红色；

b） 有毒、剧毒类介质：黄色；

c） 腐蚀、强腐蚀介质：黑色；

d） 其余介质：蓝色。

9.3.2 罐车产品铭牌应安装在罐体两侧的易见部位。

10 储存（略）

11 出厂文件

11.1 罐体（车）出厂时，制造单位至少应向用户提供下列技术文件和资料：

a） 产品质量证明书；

b） 产品竣工图；

c） 产品使用说明书；

d） 产品合格证；

e） 罐体产品安全性能监督检验证书；

f） 罐体安全附件质量证明书。

11.2 罐体产品质量证明书应至少包含下列内容：

a） 外观及几何尺寸检查报告；

b） 材质证明报告；

c） 无损检测报告；

d） 热处理报告；

e） 耐压试验报告；

f） 气密性试验报告。

11.3 除应符合 GB 9969.1 的规定外，罐体（车）产品使用说明书还应至少包含下列内容：

a） 主要技术性能参数；

b） 罐体结构与管路图，至少应包括安全附件、阀件和仪表的型号和说明；

c） 使用说明书，至少应有操作规程、最大允许充装质量的控制要求；

d） 使用注意事项，至少应包括装卸料和储运过程中的注意事项；

e） 维护和保养要求；

f） 常见故障的排除方法；

g） 备品和备件清单。

12 定期检验

12.1 从事罐体定期检验的单位及检验人员应取得主管部门规定的资格，并应对检验的结果负责。

12.2 罐体的定期检验应至少包含下列内容：

a） 罐体质量技术档案资料审查；

b） 检查罐体外表面，有无腐蚀、磨损、凹陷、变形、泄漏及其他可能影响运输安全性的问题；

c） 罐体与底盘或行走机构连接部位的检查；

d） 罐体壁厚测量；

e） 检查管路、阀门、装卸软管、垫圈等，有无腐蚀、泄漏等影响装卸及运输安全的问题；

f） 必要时进行焊接接头的无损检测；

g） 罐体安全附件及承压件的检查；

h） 检查紧急切断装置，不应出现腐蚀变形及其他可能影响正常使用的缺陷；遥控关闭装置应能正常使用；

i） 罐体表面漆色、铭牌和标志检查。

五、《道路运输液体危险货物罐式车辆　第2部分：非金属常压罐体技术要求》（GB 18564.2—2008）（选编）

道路运输液体危险货物罐式车辆
第2部分：非金属常压罐体技术要求

1　范围（略）

2　规范性引用文件（略）

3　术语和定义

GB/T 2035、GB/T 3730.1、GB/T 3730.2、GB/T 3961 及 GB 18564.1 确立的以及下列术语和定义适用于本部分。

3.1

工作压力　operating pressure

系指在正常工作情况下，罐体顶部可能达到的最高压力。

3.2

设计压力　design pressure

系指设定的罐体顶部的最高压力，与相应的设计温度一起作为罐体的设计载荷条件，其值不低于工作压力。

3.3

设计温度　design temperature

系指在正常工作情况下，设定的非金属元件的温度（沿非金属元件截面的温度平均值）。设计温度与设计压力一起作为设计载荷条件。

3.4

计算厚度　calculated thickness

系指按本部分第6章公式计算得到的厚度。需要时，尚应计入其他载荷所需厚度。

3.5

设计厚度　design thickness

系指计算厚度与腐蚀裕量之和或最小厚度与腐蚀裕量之和两者中的较大值。

3.6

名义厚度　nominal thickness

系指设计厚度圆整至材料标准规格的厚度，即设计图样上标注的厚度。

3.7

安全附件　safety attachments

系指安装于罐体上的通气装置、紧急切断装置、液位测量装置等能起安全保护作用的附件的总称。

3.8

旋转模塑，滚塑　rotational moulding

系指将塑料粉末加入模具中，然后加热模具并使之沿两相互垂直的轴连续旋转，模具内塑料粉末在离心力、重力和热量的作用下逐渐均匀地涂布、熔融黏附于模具内表面上，形成所需要的形状。然后冷却模具，脱模得到罐体的一种塑料加工工艺。

4　总论（略）

5　材料（略）

6　罐体设计（选编）

……

6.2.11　罐体允许最大充装质量

6.2.11.1　罐体允许最大充装质量按式(1)计算：

$$W = \phi_v V \tag{1}$$

式中：W——罐体允许最大充装质量，单位为吨(t)；

ϕ_v——单位容积充装量，单位为吨每立方米(t/m^3)，按以下原则确定：

应按罐体设计温度下，其罐内至少留有5%，且不大于10%的气相空间及该温度下的介质密度来确定；

V——罐体设计容积，单位为立方米(m^3)。

6.2.11.2　罐体允许最大充装量应不大于罐车的额定载质量。

……

6.2.13　罐体最小厚度

6.2.13.1　最小厚度应符合表8的规定。

表8　罐体最小厚度　　单位为毫米

罐体直径 DN	最小厚度[a]			
	聚乙烯	聚氯乙烯	聚丙烯[b]	玻璃纤维增强塑料[c]
$600 \leq DN \leq 900$	8.3	5.9	9.7	4.8
$900 < DN \leq 1200$	11.5	7.8	13.5	4.8
$1200 < DN \leq 1500$	14.6	9.7	17.4	4.8

续上表

罐体直径 *DN*	最小厚度[a]			
	聚乙烯	聚氯乙烯	聚丙烯[b]	玻璃纤维增强塑料[c]
1500 < *DN*≤1800	17.8	11.6	21.2	4.8
1800 < *DN*≤2100	21.5	13.9	25.7	6.4
DN > 2100	28.6	18.2	—	6.4

a 表中给出的罐体最小厚度是基于聚乙烯采用滚塑工艺制造，聚氯乙烯和聚丙烯是采用焊接工艺制造而得出的。

b 聚丙烯罐体最大公称直径应不大于2100mm。

c 玻璃纤维增强塑料的最小厚度为罐壁总厚度。

6.2.13.2 在任何情况下，罐体最小厚度应不小于6.2.13.1的规定，该最小厚度不包含材料厚度负偏差、腐蚀裕量以及加工制造过程中的工艺减薄量。

……

6.4.5 装卸软管

6.4.5.1 软管与快装接头的连接应牢固、可靠。

6.4.5.2 软管在承受4倍罐体设计压力时不应破裂。

6.4.5.3 软管应在1.5倍装卸系统最高工作压力下进行气压试验。

……

7 制造（略）

8 试验方法（略）

9 检验规则（略）

10 涂装与标志标识

10.1 涂装

10.1.1 非金属罐体的外表面可不涂装，非金属材料本色应为浅色或不与环形标志带混淆的其他颜色。

10.1.2 当罐体需要涂装时，涂装要求如下：

a） 油漆应色泽鲜明、分界整齐，无裂纹、起泡、发黏，无皱皮、脱漆、污痕等劣化现象出现；

b） 涂料不应侵蚀罐体非金属材料，且不被装运介质腐蚀；

c） 罐体外表面涂层颜色应符合10.1.1的规定。

10.1.3 罐体附件中的碳钢或低合金钢表面均应进行防腐处理，合格后方可涂装。

10.2 标志

罐车的标志除应符合GB 13392的规定外，还应满足下列要求：

a）罐体应有一条沿通过罐体中心线的水平面与罐体外表面的交线对称均匀粘贴的环形橙色反光带，反光带宽度不小于150mm；

b）罐车应按GB 16735的规定，标志识别代码（VIN）。

10.3 标识

10.3.1 应在罐体两侧显著位置安装罐体的产品铭牌，其型式和安装要求应符合GB/T 18411的规定，铭牌内容应符合GB 7258的规定。

10.3.2 按GA 406的规定安装罐车车身反光标识。

10.3.3 罐体两侧后部色带的上方喷涂装运介质的名称，字高不小于200mm，字体为仿宋体，字体颜色符合下列要求：

a）腐蚀性介质：黑色；

b）毒性程度为中度或轻度危害介质：黄色；

c）其余介质：蓝色。

11 储存和运输（略）

12 出厂文件

12.1 罐车出厂时，制造单位至少应向用户提供下列技术文件和资料：

a）产品质量证明书；

b）产品竣工图；

c）产品使用说明书；

d）产品合格证；

e）罐体产品安全性能监督检验证书；

f）罐体安全附件质量证明书。

12.2 罐体产品质量证明书应至少包含下列内容：

a）外观及几何尺寸检查报告；

b）材质证明报告；

c）无损检测报告；

d）热处理报告（塑料焊接罐体）；

e）耐压试验报告；

f）气密性试验报告。

12.3 罐车产品使用说明书除应符合GB 9969.1的规定外，还应至少包含下列内容：

a）主要技术性能参数；

b）罐体结构与管路图；

c）安全附件、阀件和仪表的型号和说明；

d）操作规程、最大允许充装质量的控制要求；

e）使用注意事项，包括装卸料和储运过程中的注意事项；

f）维护和保养要求；

g）常见故障的排除方法；

h） 备品和备件清单。

13 定期检验

13.1 罐体定期检验的单位及检验人员应取得主管部门规定的资格，并应对检验的结果负责。

13.2 罐体的定期检验应至少包含下列内容：

a） 罐体质量技术档案资料审查；

b） 检查罐体外表面，有无腐蚀、磨损、龟裂、凹陷、变形、泄漏及其他可能影响运输安全性的问题；

c） 检查罐体内表面有无明显的损伤、龟裂、分层、腐蚀等问题；

d） 检查罐体内隔仓板或防波板、加强圈是否明显移位、与罐体连接失效等可能影响运输安全性的问题；

e） 罐体与底盘或半挂车车架连接部位的检查；

f） 罐体壁厚测量；

g） 检查管路、阀门、装卸软管、垫圈等，有无腐蚀、泄漏等影响装卸及运输安全的问题；

h） 必要时进行焊接接头的无损检测；

i） 罐体安全附件及承压件的检查；

j） 检查紧急切断装置，不应出现腐蚀变形及其他可能影响正常使用的缺陷；遥控关闭装置应能正常使用；

k） 罐体表面漆色、铭牌和标志检查。

13.3 罐体定期检验的记录和结果应存档保存。影响运输安全性的内外表面问题应作出可靠的处理。

六、《移动式压力容器安全技术监察规程》(TSG R0005—2011)(选编)

移动式压力容器安全技术监察规程

1 总则

1.1 目的

为了保障移动式压力容器安全,保护人民生命和财产安全,促进国民经济发展,根据《特种设备安全监察条例》等法律法规,制定本规程。

1.2 移动式压力容器

移动式压力容器是指由罐体(注1-1)或者大容积钢质无缝气瓶(以下简称气瓶,注1-2)与走行装置或者框架采用永久性连接组成的运输装备,包括铁路罐车、汽车罐车、长管拖车、罐式集装箱和管束式集装箱等。

注1-1:罐体是指铁路罐车、汽车罐车、罐式集装箱中用于充装介质的压力容器,其设计制造按照本规程的有关规定进行。

注1-2:气瓶是指长管拖车、管束式集装箱中用于充装介质的压力容器,其设计制造按照《气瓶安全监察规程》的有关规定进行。

1.3 适用范围

1.3.1 适用范围的一般规定

本规程适用于同时具备下列条件的移动式压力容器:

(1)具有充装与卸载(以下简称装卸)介质功能,并且参与铁路、公路或者水路运输(注1-3);

(2)罐体工作压力大于或者等于0.1MPa,气瓶公称工作压力大于或者等于0.2MPa(注1-4);

(3)罐体容积大于或者等于450L,气瓶容积大于或者等于1000L(注1-5);

(4)充装介质为气体(注1-6)以及最高工作温度高于或者等于其标准沸点(注1-7)的液体(注1-8)。

注1-3:具有装卸介质功能,仅在装置或者场区内移动使用,不参与铁路、公路或者水路运输的压力容器按照固定式压力容器管理。

注1-4:工作压力,是指移动式压力容器在正常工作情况下,罐体顶部可能达到的最高压力;公称工作压力,是指在基准温度(20℃)下,气瓶内压缩气体达到完全均匀状态时的限定压力。本规程所指压力除注明外均为表压力。

注1-5:容积,是指移动式压力容器单个罐体或者单个气瓶的几何容积,按照设计图样标注的尺寸计算(不考虑制造公差)并且圆整,一般需要扣除永久连接在容器内部的内件的体积。

注1-6:气体,是指在50℃时,蒸气压大于0.3MPa(绝压)的物质或者20℃时在0.1013MPa(绝压)标准压力下完全是气态的物质。按照运输时介质物理状态的不同,气体可以分为压缩气体、高(低)压液化气体、冷冻液化气体等。其中:

(1)压缩气体,是指在-50℃下加压时完全是气态的气体,包括临界温度低于或者等于-50℃的气体;

(2)高(低)压液化气体,是指在温度高于 -50℃下加压时部分是液态的气体,包括临界温度在 -50℃ ~65℃的高压液化气体和临界温度高于65℃的低压液化气体(以下通称为液化气体);

(3)冷冻液化气体,是指在运输过程中由于温度低而部分呈液态的气体(临界温度一般低于或者等于 -50℃)。

注 1-7:移动式压力容器罐体内介质为最高工作温度低于其标准沸点的液体时,如果气相空间的容积与工作压力的乘积大于或者等于 2.5MPa · L 时,也属于本规程的适用范围。

注 1-8:液体,是指在 50℃时蒸气压力小于或者等于 0.3MPa(绝压),或者在 20℃和0.1013MPa(绝压)压力下不完全是气态,或者在 0.1013MPa(绝压)标准压力下熔点或者起始熔点等于或者低于 20℃的物质。

1.3.2 适用范围的特殊规定

(1)本规程适用范围内的铁路罐车,还应当满足附件 A 的规定;

(2)本规程适用范围内的汽车罐车(注 1-9),还应当满足附件 B 的规定;

(3)本规程适用范围内的罐式集装箱,还应当满足附件 C 的规定;

(4)本规程适用范围内的移动式压力容器上的真空绝热罐体,还应当满足附件 D 的规定;

(5)本规程适用范围内的长管拖车(注 1-10)和管束式集装箱,还应当满足附件 E 的规定。

注 1-9:本规程所指汽车罐车除注明外,是汽车罐车(单车)和汽车罐车(半挂车)的总称。

注 1-10:本规程所指长管拖车除注明外,是长管拖车(单车)和长管拖车(半挂车)的总称。

1.4 不适用范围

本规程不适用于下列移动式压力容器:

(1)罐体或者气瓶为非金属材料制造的;

(2)正常运输使用过程中罐体工作压力小于 0.1MPa(包括在装卸介质过程中需要瞬时承受压力大于或者等于 0.1MPa)的。

1.5 移动式压力容器范围的界定

本规程适用的移动式压力容器,除罐体或者气瓶、管路、安全附件、装卸附件外,其范围还包括走行装置或者框架等。

1.5.1 罐体或者气瓶

罐体或者气瓶界定在下述范围内:

(1)罐体与管路焊接连接的第一道环向接头的坡口面、罐体或者气瓶与管路、安全附件螺纹连接的第一个螺纹接头端面、法兰连接的第一个法兰密封面;

(2)罐体或者气瓶开孔部分的端盖、端塞及其紧固件;

(3)罐体与非受压元件的连接焊缝。

罐体中的主要受压元件包括筒体、封头以及公称直径大于或者等于 50mm 的接管、凸缘、法兰、法兰盖板等。

1.5.2 管路

移动式压力容器的管路包括所有与罐体或者气瓶相连接的管子与管件。

1.5.3 安全附件

移动式压力容器的安全附件包括安全泄放装置、紧急切断装置、压力测量装置、液位测量装置、温度测量装置、阻火器、导静电装置等。

1.5.4 装卸附件

移动式压力容器的装卸附件包括装卸阀门、装卸软管和快速装卸接头(以下简称快装接头)等。

1.6 与技术标准、管理制度的关系

(1)本规程规定了移动式压力容器的基本安全要求,有关移动式压力容器的技术标准、管理制度等,不得低于本规程的要求;

(2)如果移动式压力容器产品没有或者不能被相应国家标准或者行业标准覆盖时,相关单位应当制定企业标准;该企业标准的安全技术要求应当通过由国家质量监督检验检疫总局(以下简称国家质检总局)委托的有关技术组织或者技术机构的技术评审。

1.7 不符合本规程规定时的特殊处理规定

采用新材料、新技术、新工艺以及有特殊使用要求的移动式压力容器,不符合本规程要求时,相关单位应当将有关的设计、研究、试验等依据、数据、结果及其检验检测报告等技术资料报国家质检总局,由国家质检总局委托有关的技术组织或者技术机构进行技术评审。技术评审的结果经过国家质检总局批准后,采用新材料、新技术、新工艺的移动式压力容器方可进行试制、试用。

1.8 引用标准

本规程的主要引用标准(以下简称引用标准,注 1-11)如下:

(1)GB 150《压力容器》;

(2)GB/T 10478《液化气体铁道罐车》;

(3)GB/T 19905《液化气体运输车》;

(4)JB 4732《钢制压力容器—分析设计标准》;

(5)JB/T 4781《液体气体罐式集装箱》;

(6)JB/T 4782《液体危险货物罐式集装箱》(注 1-12);

(7)JB/T 4783《低温液体汽车罐车》;

(8)JB/T 4784《低温液体罐式集装箱》。

注 1-11:引用标准中,凡是注明年号的,其随后所有的修改单(不包括勘误的内容)或者修订版均不适用于本规程;凡是不注明年号的,其最新版本适用于本规程。

注 1-12:JB/T 4782《液体危险货物罐式集装箱》标准,仅引用其中满足本规程适用范围内的液体危险货物罐式集装箱的相关规定。

1.9 监督管理

(1)移动式压力容器的设计、制造、改造、维修、使用、充装、检验检测和监督管理等,应当严格执行本规程的规定,同时还应当遵守国务院有关部门的其他相应规定;

(2)移动式压力容器的设计、制造、改造、维修、使用、充装单位和特种设备检验检测机构(以下简称检验机构)等,应当按照特种设备信息管理的有关规定,及时将所要求的数据输入特种设备信息化管理系统;

(3)国家质检总局和各地质量技术监督部门在职责范围内负责移动式压力容器安全监察工作,监督本规程的执行。

2 罐体材料(略)

3　设计(略)

4　制造(选编)

4.1　基本要求

4.1.1　制造单位

(1)移动式压力容器制造单位(以下简称制造单位)应当取得特种设备制造许可证,按照许可的范围进行制造,依据有关法规、安全技术规范的要求建立移动式压力容器质量保证体系并且有效实施,单位法定代表人(主要负责人)应当对移动式压力容器制造质量负责;

(2)制造单位应当严格执行相关法规、安全技术规范及其相应标准,按照设计文件制造移动式压力容器。

4.1.2　制造监督检验

制造单位应当接受特种设备检验检测机构对其制造过程的监督检验。

4.1.3　出厂资料

移动式压力容器出厂时,制造单位至少向移动式压力容器使用单位(以下简称使用单位)提供以下技术文件和资料:

(1)竣工图样(总图和罐体图),竣工图样上应当有设计单位许可印章(复印章无效),并且加盖竣工图章(竣工图章上标注制造单位名称、制造许可证编号、审核人的签字和"竣工图"字样);如果制造中发生了材料代用、无损检测方法改变、加工尺寸变更等,制造单位必须按照设计单位书面批准文件的要求在竣工图样上作出清晰标注,标注处有修改人的签字及修改日期;

(2)产品合格证(含产品数据表,式样见附件F,注4-1)、产品质量证明文件(罐体包括主要受压元件材料质量证明书和材料清单、质量计划或者检验计划、结构尺寸检查报告、焊接记录、无损检测报告、热处理报告及自动记录曲线、耐压试验及泄漏试验报告等;气瓶按《气瓶安全监察规程》有关规定)和产品铭牌的拓印件或者复印件;

(3)特种设备制造监督检验证书;

(4)强度计算书;

(5)应力分析报告(需要时);

(6)安全泄放量、安全阀排量和爆破片泄放面积的计算书;

(7)产品使用说明书和风险评估报告;

(8)安全附件、装卸附件的产品质量证明文件;

(9)受压元件(封头、锻件等)为外购或者外协件时的产品质量证明文件(外购或者外协件的制造单位必须向委托订购单位提供受压元件的产品质量证明文件);

(10)其他必要的产品质量证明文件。

注4-1:产品数据表等质量证明资料中限标注一种介质。

4.1.4　产品铭牌

制造单位必须在移动式压力容器明显的部位装设产品铭牌。产品铭牌应当采用中文

(必要时可以中英文对照)和国际单位(产品铭牌的格式参照附件G)。产品铭牌上的项目至少包括以下内容：

(1)产品名称和型号；

(2)制造单位名称；

(3)许可证书编号和许可级别；

(4)产品标准；

(5)主体材料；

(6)介质名称(限与质量证明资料同一种介质)；

(7)罐体设计温度；

(8)罐体设计压力、最高允许工作压力(必要时)或者气瓶公称工作压力；

(9)耐压试验压力；

(10)产品编号；

(11)设备代码(特种设备代码编号方法见附件H)；

(12)制造日期；

(13)罐体容积或者气瓶总容积；

(14)罐体或者气瓶设计使用年限；

(15)最大允许充装量；

(16)铁路、公路或者水路等交通运输管理部门规定的其他必要内容。

……

5 使用管理

5.1 移动式压力容器使用登记

(1)移动式压力容器投入使用前，使用单位应当按照压力容器使用管理有关安全技术规范的要求，并且按照铭牌和产品数据表规定的一种介质，逐台向省、自治区、直辖市质量技术监督部门(以下简称使用登记机关)办理《特种设备使用登记证》(以下简称《使用登记证》)及电子记录卡。登记标志的放置位置应符合有关规定；

(2)移动式压力容器计划长期停用(指停用1年及以上，下同)的，使用单位应当按照规定向使用登记机关申请报停，并且将使用登记证及电子记录卡交回使用登记机关；长期停用后重新启用时，应当按照本规程5.9的规定进行定期检验，检验合格后持定期检验报告向使用登记机关申请启用，领取使用登记证；

(3)移动式压力容器需要过户的，使用单位应当按照规定向使用登记机关申请变更《使用登记证》；

(4)移动式压力容器报废时，使用单位应当按照规定向使用登记机关办理注销手续，并且将《使用登记证》及电子记录卡交回使用登记机关。

5.2 使用单位的职责

(1)使用单位是保证移动式压力容器安全运行的责任主体，对移动式压力容器安全使用负责，应当严格执行国家有关法律法规，按照本规程和压力容器使用管理有关安全技术规范的规定，保证移动式压力容器的安全使用；

（2）使用单位应当配备具有移动式压力容器专业知识、熟悉国家相关安全技术规范及其相应标准的工程技术人员作为安全管理人员，安全管理人员应当按照规定取得相应的特种设备作业人员证，负责移动式压力容器的安全管理工作。

5.3 使用单位安全管理

使用单位移动式压力容器的安全管理工作主要包括以下内容：

（1）贯彻执行本规程和移动式压力容器有关的安全技术规范；

（2）建立健全移动式压力容器安全管理制度，制定移动式压力容器安全操作规程；

（3）办理移动式压力容器使用登记，建立移动式压力容器技术档案；

（4）负责移动式压力容器的设计、采购、使用、装卸、改造、维修、报废等全过程的有关管理；

（5）组织开展安全检查、定期自行检查，并且作出记录；

（6）制定移动式压力容器的定期检验计划，安排并且落实定期检验和事故隐患的整治；

（7）按照规定向使用登记机关和主管部门报送当年移动式压力容器数量及变更情况的统计报告、定期检验实施情况报告、存在的主要问题及处理情况报告等；

（8）组织开展移动式压力容器作业人员的教育培训；

（9）制定移动式压力容器事故应急救援专项预案并且组织演练；

（10）按照规定报告移动式压力容器事故，组织、参加移动式压力容器事故的应急救援，协助事故调查和善后处理。

5.4 移动式压力容器技术档案

使用单位应当逐台建立移动式压力容器技术档案并且由其管理部门统一负责保管。技术档案应当包括以下内容：

（1）《使用登记证》及电子记录卡；

（2）《特种设备使用登记表》；

（3）本规程4.1.3规定的移动式压力容器技术文件和资料；

（4）移动式压力容器定期检验报告，以及有关检验的技术文件和资料；

（5）移动式压力容器维修和改造的方案、设计图样、材料质量证明书、施工质量检验技术文件和资料；

（6）移动式压力容器的日常检查和维护保养与定期自行检查记录、年度检查报告；

（7）安全附件、装卸附件（如果有）的校验、修理和更换记录；

（8）有关事故的记录资料和处理报告。

5.5 操作规程

使用单位应当在工艺和岗位操作规程中，明确提出移动式压力容器安全操作要求，操作规程至少包括以下内容：

（1）移动式压力容器的操作工艺参数，包括工作压力、工作温度范围、最大允许充装量等；

（2）移动式压力容器的岗位操作方法，包括车辆停放、装卸的操作程序和注意事项；

（3）移动式压力容器运行中应当重点检查的项目和部位，运行中可能出现的异常现象和防止措施，紧急情况的处置和报告程序；

(4)移动式压力容器的车辆安全要求,包括车辆状况、车辆允许行驶速度以及运输过程中的作息时间要求。

5.6 作业人员

移动式压力容器的安全管理人员和操作人员应当持有相应的特种设备作业人员证。使用单位应当对移动式压力容器作业人员定期进行安全教育与专业培训并且做好记录,保证作业人员了解所充装介质的性质、危害性和罐体、气瓶的使用特性,具备必要的移动式压力容器安全作业知识、作业技能,及时进行知识更新,确保作业人员掌握操作规程及事故应急措施,按章作业。

对于从事移动式压力容器运输押运的人员,应当取得国务院有关部门规定的资格证书。

5.7 日常检查和维护保养与定期自行检查

使用单位应当做好移动式压力容器的日常检查和维护保养与定期自行检查工作。日常检查和维护保养包括随车作业人员对移动式压力容器的每次出车前、停车后和装卸前后的检查。定期自行检查由使用单位的安全管理人员负责组织,至少每月进行一次。对日常检查和维护保养与定期自行检查中发现的事故隐患,应当及时妥善处理。日常检查和维护保养与定期自行检查应当进行记录。

日常检查和维护保养与定期自行检查至少包括以下内容:

(1)罐体或者气瓶涂层及漆色是否完好,有无脱落等;

(2)罐体保温层、真空绝热层是否完好;

(3)罐体或者气瓶外部的标志是否清晰;

(4)紧急切断阀以及相关的操作阀门是否置于闭止状态;

(5)安全附件是否完好;

(6)装卸附件是否完好;

(7)紧固件的连接是否牢固可靠、是否有松动现象;

(8)罐体或者气瓶内压力、温度是否异常及有无明显的波动;

(9)罐体或者气瓶各密封面有无泄漏;

(10)随车配备的应急处理器材、防护用品及专用工具、备品备件是否齐全,是否完好有效;

(11)罐体或者气瓶与走行装置或者框架的连接紧固装置是否完好、牢固。

5.8 异常情况处理

5.8.1 异常情况报告

移动式压力容器发生下列异常现象之一时,操作人员或者押运人员应当立即采取紧急措施,并且按照规定的程序,及时向使用单位的有关部门报告:

(1)罐体或者气瓶工作压力、工作温度超过规定值,采取措施仍然不能得到有效控制;

(2)罐体或者气瓶发生裂缝、鼓包、变形、泄漏等危及安全的现象;

(3)安全附件失灵、损坏等不能起到安全保护的情况;

(4)管路、紧固件损坏,难以保证安全运行;

(5)发生火灾等直接威胁到移动式压力容器安全运行;

(6)充装量超过核准的最大允许充装量;

(7)充装介质与铭牌和使用登记材料不符；

(8)真空绝热罐体外表面局部存在严重结冰、结霜或者结露，介质压力和温度明显上升；

(9)移动式压力容器的走行装置及其与罐体或者气瓶连接部位的零部件等发生损坏、变形等危及安全运行；

(10)其他异常情况。

5.8.2 隐患处理

使用单位应当对出现故障或者发生异常情况的移动式压力容器及时进行检查处理，消除事故隐患；对存在严重事故隐患，无改造、维修价值的移动式压力容器，应当及时予以报废，并且办理注销手续。

5.9 定期检验

使用单位应当按照本规程第8章定期检验的规定和《压力容器定期检验规则》(TSG R7001)的要求，安排并且落实定期检验计划。在使用过程中，移动式压力容器存在下列情况之一的，应当进行全面检验：

(1)停用1年后重新使用的；

(2)发生事故，影响安全使用的；

(3)发现有异常严重腐蚀、损伤或者对其安全使用有怀疑的；

(4)变更使用条件的。

5.10 安全使用要求

(1)充装易燃、易爆介质的移动式压力容器，在新制造或者改造、维修、检验检测等后的首次充装(以下简称首次充装)前，必须对罐体或者气瓶内介质进行分析检测，不符合规定的应当按照本规程4.10.2的规定及产品使用说明书的要求重新进行氮气置换或者抽真空处理，合格后方可投入使用；

(2)充装介质对含水量有特别要求的移动式压力容器，首次充装前，必须按照产品使用说明书的要求对罐体或者气瓶内含水量进行处理和分析；

(3)移动式压力容器到达卸载站点后，具备卸载条件的，必须及时卸载；充装易燃、易爆介质的，卸载后罐体或者气瓶内余压不得小于0.05MPa；

(4)移动式压力容器卸载作业应当满足本规程第6章的相关安全要求，采用压差方式卸载时，接受卸载的固定式压力容器应当设置压力保护装置或者防止压力上升的等效措施；

(5)禁止移动式压力容器之间相互装卸作业，禁止移动式压力容器直接向用气设备进行充装；

(6)禁止使用明火直接烘烤或者采用高强度加热的办法对移动式压力容器进行升压或者对冰冻的阀门、仪表和管接头等进行解冻。

负责本条第(1)、(2)项处理工作的单位，应当向使用单位出具处理和分析结果的证明文件。

5.11 变更移动式压力容器使用条件

变更移动式压力容器使用条件(如变更充装介质、设计参数、最大允许充装量等)应当符合以下要求：

(1)必须经过原设计单位或者具有相应资质的设计单位书面同意,并且出具设计修改文件;设计修改文件的内容至少包括设计修改说明、必要的检验试验要求、标志要求以及根据实际变更条件所需要的强度校核计算、安全泄放装置排放量计算、设计修改图样及产品使用说明等;

(2)需要对移动式压力容器结构进行相应改造的,按照本规程第7章相关规定及设计修改文件要求执行;

(3)不需要对移动式压力容器结构进行相应改造的,使用单位应当向使用登记机关提出书面申请,经具备相应检验资质的检验机构按照5.9的规定及设计修改文件的要求进行相应检验,合格后方可办理使用登记变更手续;

(4)变更充装介质,如果在原出厂设计文件(竣工图、产品说明书等)允许范围内,按照本条第(3)项的规定执行;如果不在原出厂设计规定范围内,则根据情况按照本条的相应规定执行;

(5)变更使用条件,但是未进行本规程7.2所述改造的,可以不更换产品铭牌,由修理单位或者改造单位根据变更后的内容,按照引用标准进行表面涂装及标志等;

(6)使用条件变更后,使用单位必须将移动式压力容器的变更资料(包括设计单位同意的证明文件、设计修改文件及必要的检验报告等)报使用登记机关备案,并且办理使用登记变更手续。

5.12 临时进口移动式压力容器安全要求

5.12.1 临时进口移动式压力容器

临时进口移动式压力容器,是指由境外制造,用以包装境内企业进口的原料、物料,并且介质卸载完后再出境的移动式压力容器。

5.12.2 临时进口移动式压力容器安全管理

临时进口移动式压力容器的使用单位安全管理工作应当符合以下要求:

(1)制定和执行临时进口移动式压力容器安全管理制度;

(2)建立临时进口移动式压力容器档案;

(3)按照规定要求办理临时进口移动式压力容器的通关手续,约请检验机构实施安全性能检验,安全性能检验不合格的临时进口移动式压力容器不得使用;

(4)临时进口移动式压力容器不得在境内进行充装。

5.12.3 临时进口移动式压力容器安全性能检验

临时进口移动式压力容器安全性能检验应当符合以下要求:

(1)首次进口的临时进口移动式压力容器,需要查验其产权所在国家(或者地区)官方授权检验机构出具的检验合格证明文件,并且对其产品铭牌、钢印、标志、外观质量以及安全附件等进行安全性能检验,安全性能检验合格有效期为1年;

(2)经检验合格的临时进口移动式压力容器出境或者再次进口时,如果使用单位能够提供安全性能检验合格证明文件并且在检验有效期内,不再进行安全性能检验。

5.13 运输过程安全作业要求

使用单位应当严格执行国务院有关部门的相关规定,移动式压力容器的运输过程作业安全至少还应当满足以下安全要求:

（1）公路危险货物运输过程中，除按照有关规定配备具有驾驶人员、押运人员资格的随车人员外，还需配备具有移动式压力容器操作资格的特种设备作业人员，对运输全过程进行监护；

（2）运输过程中，任何操作阀门必须置于闭止状态；

（3）快装接口安装盲法兰或者等效装置；

（4）充装冷冻液化气体介质的移动式压力容器，停放时间不得超过其标态维持时间；

（5）罐式集装箱或者管束式集装箱按照规定的要求进行吊装和堆放。

5.14 随车装备

使用单位应当为操作人员或者押运员配备日常作业必需的安全防护装备、专用工具和必要的备品、备件等，还应当根据所充装介质的危害特性随车配备必需的应急处理器材和个人防护用品。

5.15 随车携带的文件和资料

除随车携带有关部门颁发的各种证书外，还应当携带以下文件和资料：

（1）《使用登记证》及电子记录卡；

（2）《特种设备作业人员证》和有关管理部门的从业资格证；

（3）液面计指示值与液体容积对照表（或者温度与压力对照表）；

（4）移动式压力容器装卸记录；

（5）事故应急专项预案。

5.16 应急救援

使用单位应当制定相应的事故应急专项预案，建立相应的应急救援组织机构，配置与之适应的应急救援装备，并且定期组织演练，演练应当有记录并进行分析总结。

6 充装与卸载

6.1 充装许可与安全管理

6.1.1 充装许可

从事移动式压力容器充装的单位（以下简称充装单位）应当具备一定的条件，按照《移动式压力容器充装许可规则》（TSG R4002）要求，取得省、自治区、直辖市质量技术监督部门（以下简称省级质监部门）颁发的移动式压力容器充装许可证，并且在有效期内按照许可的范围从事移动式压力容器的充装工作。

6.1.1.1 充装单位技术力量

充装单位应当配备熟悉法律法规、安全技术规范、技术标准以及充装工艺的技术负责人、安全管理人员、充装人员和检查人员等，并且按照以下要求取得相应项目的《特种设备作业人员证》：

（1）技术负责人和安全管理人员应当按照《压力容器安全管理人员和操作人员考核大纲》（TSG R6001）的规定，取得压力容器安全管理人员证书；

（2）充装人员和检查人员应当按照《压力容器安全管理人员和操作人员考核大纲》的规定，取得移动式压力容器操作人员证书。

6.1.1.2 充装单位资源条件

充装单位的资源条件应当满足《移动式压力容器充装许可规则》的有关要求，人员配备和场地、设施配置应当与其充装规模相适应。

6.1.1.3　充装单位质量保证体系

充装单位应当按照相关法律、法规和安全技术规范的规定建立健全质量保证体系，体系文件中的充装管理制度、安全操作规程以及相应的工作记录应当符合《移动式压力容器充装许可规则》的有关规定。

6.1.2　充装单位的安全管理

充装单位应当对充装作业过程的安全负责，使质量保证体系有效实施，并且按照以下要求实施各项制度：

(1)根据充装介质的危害性为操作人员配备必要的防护用具和用品，进入易燃、易爆介质充装区域的人员，必须穿戴防静电并且阻燃的工作服和防静电鞋；

(2)易燃、易爆、有毒介质的充装系统应当具有充装前置换介质的处理措施及其充装后密闭回收介质的设施，并且符合相关技术规范和标准的要求；

(3)在通风不良并且有可能发生窒息、中毒等危险场所内的操作或者处理故障、维修等活动，必须由2名以上(含2名)的操作人员进行作业，配置自给式空气呼吸器，并且采取监护措施；

(4)在指定部位设置安全警示标志和报警电话；

(5)制订应急专项预案，配备应急救援器材、设备和防护用品。

6.1.3　充装单位的其他要求

充装单位的安全管理除了符合本规程的规定，还应当符合公安、消防、安全生产、环境保护等相关管理部门的规定。

6.2　卸载单位的安全管理

(1)卸载单位应当对卸载作业过程的安全负责，按照相关法律、法规和安全技术规范的规定建立健全安全管理制度，制定安全操作规程，并且确保各项管理制度和操作规程的有效实施；

(2)卸载单位的安全管理人员应当按照《压力容器安全管理人员和操作人员考核大纲》的规定，取得压力容器安全管理人员证书；

(3)卸载单位的移动式压力容器操作人员应当按照《压力容器安全管理人员和操作人员考核大纲》的规定，取得移动式压力容器操作人员证书；

(4)卸载单位应当按照卸载介质的危害性为操作人员配备必要的防护用具和用品；

(5)易燃、易爆、有毒介质的卸载系统应当具有卸载前置换介质的处理措施及其卸载后密闭回收介质的设施，并且符合有关技术规范和相应标准的要求；

(6)在通风不良并且有可能发生窒息、中毒等危险场所内的操作或者故障处理、维修等活动，必须由2名以上(含2名)的操作人员进行作业，配置自给式空气呼吸器，并且采取监护措施；

(7)卸载单位应当制订应急专项预案，配备应急救援设备、器材和防护用品。

6.3　装卸用管

装卸用管应当符合以下要求：

(1)装卸用管与移动式压力容器的连接应当可靠；

(2)有防止装卸用管拉脱的安全保护措施；

(3)所选用装卸用管的材料与充装介质相容，接触液氧等氧化性介质的装卸用管的内表面需要进行脱脂处理和防止油脂污染措施；

(4)冷冻液化气体介质的装卸用管材料能够满足低温性能要求；

(5)装卸用管的公称压力不得小于装卸系统工作压力的2倍，其最小爆破压力大于4倍的公称压力；

(6)充装单位或者使用单位对装卸用管必须每半年进行1次耐压试验，试验压力为装卸用管公称压力的1.5倍，试验结果要有记录和试验人员的签字；

(7)装卸用管必须标志开始使用日期，其使用年限严格按照有关规定执行。

6.4 装卸工作质量

6.4.1 装卸前检查

装卸前应当对移动式压力容器逐台进行检查，检查是否符合以下要求：

(1)随车规定携带的文件和资料应当齐全有效，并且装卸的介质应与铭牌和使用登记资料、标志一致；

(2)首次充装投入使用并且有置换要求的，应当有置换合格报告或者证明文件；

(3)购买、充装剧毒介质的，应当有剧毒介质（剧毒化学品）的购买凭证、准购证以及运输通行证；

(4)随车作业人员应当持证上岗，资格证书有效；

(5)移动式压力容器铭牌与各种标志（包括颜色、环形色带、警示性、介质等）应当符合相关规定，充装的介质与罐体或者气瓶涂装标志一致；

(6)移动式压力容器应当在定期检验有效期内，安全附件应当齐全、工作状态正常，并且在校验有效期内；

(7)压力、温度、充装量（或者剩余量）应当符合要求；

(8)各密封面的密封状态应当完好无泄漏；

(9)随车防护用具、检查和维护保养、维修（以下简称检修）等专用工具和备品、备件应当配备齐全、完好；

(10)易燃、易爆介质作业现场应当采取防止明火和防静电措施；

(11)装卸液氧等氧化性介质的连接接头应当采取避免油脂污染措施；

(12)罐体或者气瓶与走行装置或者框架的连接应当完好、可靠。

未经检查合格的移动式压力容器不得进入装卸区域进行装卸作业。

6.4.2 装卸过程控制

装卸作业过程的工作质量和安全应当符合以下要求：

(1)充装人员必须持证上岗，按照规定的装卸工艺规程进行操作，装卸单位安全管理人员进行巡回检查；

(2)按照指定位置停车，汽车发动机必须熄火、切断车辆总电源，并且采取防止车辆发生滑动的有效措施；

(3)装卸易燃、易爆介质前，移动式压力容器上的导静电装置与装卸台接地线进行连接；

(4)装卸接口的盲法兰或者等效装置必须在其内部压力卸尽后卸除；

(5)使用充装单位专用的装卸用管进行充装，不得使用随车携带的装卸用管进行充装；

(6)装卸用管与移动式压力容器的连接符合充装工艺规程的要求，连接必须安全可靠；

(7)装卸不允许与空气混合的介质前，进行管道吹扫或者置换；

(8)装卸作业过程中，操作人员必须处在规定的工作岗位上；配置紧急切断装置的，操作人员必须位于紧急切断装置的远控系统位置；配置装卸安全连锁报警保护装置的，该装置处于完好的工作状态；

(9)装卸时的压力、温度和流速符合与所装卸介质相关的技术规范及其相应标准的要求，超过规定指标时必须迅速采取有效措施；

(10)移动式压力容器充装量(或者充装压力)不得超过核准的最大允许充装量(或者充装压力)，严禁超装、错装。

6.4.3 装卸后检查

装卸后的移动式压力容器应当进行检查，检查是否满足以下要求并且进行记录：

(1)移动式压力容器上与装卸作业相关的操作阀门应当置于闭止状态，装卸连接口安装的盲法兰等装置应当符合要求；

(2)压力、温度、充装量(或者剩余量)应当符合要求；

(3)移动式压力容器所有密封面、阀门、接管等应当无泄漏；

(4)所有安全附件、装卸附件应当完好；

(5)充装冷冻液化气体的移动式压力容器，其罐体外壁不应存在结露、结霜现象；

(6)移动式压力容器与装卸台的所有连接件应当分离。

充装完成后，复核充装介质和充装量(或者充装压力)，如有超装、错装，充装单位必须立即处理，否则严禁车辆驶离充装单位。

6.4.4 禁止装卸作业要求

凡遇有下列情况之一的，移动式压力容器不得进行装卸作业：

(1)遇到雷雨、风沙等恶劣天气情况的；

(2)附近有明火、充装单位内设备和管道出现异常工况等危险情况的；

(3)移动式压力容器或者其安全附件、装卸附件等有异常的；

(4)移动式压力容器充装证明资料不齐全、检验检查不合格、内部残留介质不详以及存在其他危险情况的；

(5)其他可疑情况的。

6.5 装卸记录和充装证明资料

6.5.1 装卸记录

(1)移动式压力容器装卸作业结束后，充装单位或者卸载单位应当填写充装记录、卸载记录，并且将与充装有关的信息及时写入移动式压力容器的电子记录卡，装卸记录的内容必须真实有效；

(2)充装记录、卸载记录内容至少包括本规程6.4.1～6.4.4的项目，并且由相应的称重人员、检查人员签字，装卸记录至少保存1年。

6.5.2 充装证明资料

充装完成后，充装单位应当向介质买受方提交以下证明资料：

(1)充装记录；

(2)化学品安全技术说明书、危险化学品信息联络卡，按照相应国家标准的规定，注明所充装危险化学品的名称、编号、类别、数量、危害性、应急措施以及充装单位的联系方式等；

(3)必要时，还应当向介质买受方出具充装介质组分含量检测报告。

7 改造与维修(略)

8 定期检验

定期检验是指移动式压力容器停运时由检验机构进行的检验和安全状况等级评定，其中汽车罐车、铁路罐车和罐式集装箱的定期检验分为年度检验和全面检验。

8.1 报检

使用单位应当于移动式压力容器定期检验有效期届满前1个月向检验机构提出定期检验要求。检验机构接到定期检验要求后，应当及时进行检验。

移动式压力容器走行装置的定期检验按照国务院有关部门的规定执行。

8.2 检验机构与人员

检验机构应当严格按照核准的检验范围从事移动式压力容器的定期检验工作，检验检测人员应当取得相应的特种设备检验检测人员证书。

8.3 定期检验周期

8.3.1 汽车罐车、铁路罐车和罐式集装箱的定期检验周期

年度检验每年至少一次；首次全面检验应当于投用后1年内进行，下次全面检验周期，由检验机构根据移动式压力容器的安全状况等级，按照表8-1全面检验周期要求确定。符合本规程相应附件A、附件B、附件C要求的达到设计使用年限的罐体，其全面检验周期参照安全状况等级3级执行。

表8-1 汽车罐车、铁路罐车和罐式集装箱全面检验周期

罐体安全状况等级(注8-1)	全面检验周期		
	汽车罐车	铁路罐车	罐式集装箱
1级～2级	5年	4年	5年
3级	3年	2年	2.5年

注8-1：罐体安全状况等级的评定按照《压力容器定期检验规则》的规定。

8.3.2 长管拖车、管束式集装箱的定期检验周期

按照所充装介质不同，定期检验周期见表8-2。对于已经达到设计使用年限的长管拖车和管束式集装箱的气瓶，如果要继续使用，充装A组中介质时其定期检验周期为3年，充装B组中介质时定期检验周期为4年。

表 8-2 长管拖车、管束式集装箱定期检验周期

介质组别（注 8-2）	充装介质	定期检验周期	
		首次定期检验	定期检验
A	天然气(煤层气)、氢气	3 年	5 年
B	氮气、氦气、氩气、氖气、空气		6 年

注 8-2:除本规程表 8-2 中 B 组的介质和其他惰性气体和无腐蚀性气体外,其他介质(如有毒、易燃、易爆、腐蚀等)均为 A 组。

8.4 定期检验的内容

移动式压力容器定期检验的内容与要求按照《压力容器定期检验规则》进行。

检验机构应当根据移动式压力容器的使用情况、失效模式制定检验方案。定期检验的方法以宏观检验、壁厚测定、表面无损检测为主,必要时可以采用超声检测、射线检测、硬度检测、金相分析、材料分析、强度校核或者耐压试验、声发射检测、气密性试验等。

8.5 特殊检验情况的处理

8.5.1 不能按期进行定期检验

(1)因情况特殊不能按期进行定期检验的移动式压力容器,由使用单位提出风险分析报告,经使用单位主要负责人批准,征得上次进行定期检验的检验机构同意(首次检验的延期不需要),向使用登记机关备案后,可以延期检验,延期期限一般不超过 3 个月;

(2)不能按期进行定期检验的移动式压力容器,使用单位应当制定可靠的安全保障措施。

8.5.2 异地进行定期检验

移动式压力容器在定期检验合格有效期届满期间内,如果回不到使用登记地,需要异地落实定期检验时,使用单位应当向使用登记机关进行告知。

9 安全附件和装卸附件(略)

10 附则(略)

附件A(略)

附件B

汽车罐车专项安全技术要求

B.1　总则

B.1.1　资质和职责

汽车罐车的设计和制造单位除按照国家质检总局的规定取得相应的特种设备设计和制造资质外,还应当按照国务院汽车行业主管部门的规定取得相应的产品制造资质。

汽车罐车的设计应当为整车设计,设计单位对整车设计文件的正确性和完整性负责。

汽车罐车的制造应当为整车制造,制造单位对汽车罐车的制造质量负责。

B.1.2　型式试验或者相关试验

汽车罐车应当按照型号,由国务院有关部门核准或者批准的试验机构进行型式试验或者相关试验,取得试验合格证明文件。

B.2　设计

B.2.1　基本要求

(1)汽车罐车设计时,罐体及附件应当布置合理,安全可靠,并且满足操作和运输的要求;

(2)单车汽车底盘,应当选用国务院有关部门认可并且符合环保排放要求的定型产品,其制造单位应当向订购单位提供相应的技术资料和产品合格证等产品质量证明文件;

(3)半挂车走行装置,应当满足GB/T 23336《半挂车通用技术条件》要求,其制造单位应当向订购单位提供相应的技术资料和产品合格证等产品质量证明文件;

(4)汽车罐车的外廓尺寸及性能参数应当符合GB 1589《道路车辆外廓尺寸、轴荷及质量限值》的规定;

(5)汽车罐车的稳定性应当符合GB 7258《机动车运行安全技术条件》的规定;

(6)汽车罐车的轴荷分配符合原车型底盘或者半挂车走行装置所规定的参数;

(7)半承载式半挂车车架,应当进行结构强度校核;

(8)罐体与底盘的连接结构和固定装置,应当牢固可靠,满足运输要求,支座与罐体的连接部位应当进行局部应力校核;

(9)汽车罐车上装部分的布置,应当避免对底盘车架造成集中载荷,尽可能将其转化为均布载荷,改善受力状况;

(10)汽车罐车的制动装置与制动性能、外部照明和信号装置、侧面及后下部防护装置,应当符合相应国家标准或者行业标准的规定。

B.2.2　最大允许充装量

按照本规程3.10.7的规定确定汽车罐车的最大允许充装量时,最大允许充装量在任何情况下不得超过走行装置允许的承载能力。

B.2.3　结构

(1)汽车罐车应当设置后保险杠,后保险杠外端面距罐体后封头及所有与罐体后部连接的管路、阀门、仪表、法兰等附件的外端面的纵向直线距离不小于150mm;

(2)汽车罐车的后悬不得超过轴距的65%,并且不大于3.5m;

(3)汽车罐车的车辆两侧应当配备与所充装介质性能相适应的灭火器各一个,灭火器应当固定牢靠、取用方便;

(4)充装易燃、易爆介质的汽车罐车发动机的排气管应当装在车身前部;

(5)半挂车支撑装置,应当符合相应国家标准或者行业标准的规定,支撑装置的布置应当不影响牵引车的转向行驶,半挂车的前回转半径及后间隙半径应当满足相应国家标准的规定;

(6)罐体上的支座、底座圈及其他型式的支撑件应当有足够的刚度和强度,可以采用V形或者鞍式支座等结构形式。

B.2.4　安全附件

液化气体汽车罐车应当设置内置全启式弹簧安全阀,安全阀排气方向应当向罐体上方。

B.3　制造

B.3.1　单车底盘进厂检验

改装用汽车二类底盘应当进行进厂检验,检验至少包括以下内容:

(1)外观检查,包括表面有无缺损变形,油漆有无脱落,电器设备及各种指示灯是否完好可靠;

(2)行驶检查,包括汽车正常直道、转向行驶的平稳性,各机构(如离合器、变速器、取力器等)操作是否灵活,各仪器、仪表等指示是否正常,各连接管路有无泄漏等;

(3)制动性能检查,包括空车的紧急制动距离是否超过原车改装手册规定的参数;

(4)随车文件及工具附件检查,包括合格证、使用说明书等文件是否齐全,随车工具附件是否齐备,合格证内容是否与实物的车辆识别代码编号、发动机编号相一致。

B.3.2　半挂车用走行装置进厂检验

半挂车用走行装置应当进行进厂检验,检验至少包括以下内容:

(1)外观检查,包括表面有无缺损变形,油漆有无脱落,电器设备线路装卡是否可靠,驻车装置、备胎升降器、制动装置等零部件是否齐备并且组装完好,轮胎型号是否符合设计要求等;

(2)外形与几何尺寸检查,包括车架纵梁上平面与地面的垂直距离及高度差、相邻车轴轴距等几何尺寸,是否满足设计图样或者采购说明书的要求,走行装置车架对角线的偏差、车架纵梁上平面的平面度公差、多轴走行装置相邻两轴之间的距离差、轴端平面度等,是否满足GB/T 23336《半挂车通用技术条件》的规定;

(3)随车文件及工具附件检查,包括合格证、使用说明书等文件是否齐全,随车工具附件是否齐备，合格证内容是否与实物相一致。

B.3.3　标志

汽车罐车的标志除满足本规程及其引用标准和设计图样的规定外，还应当符合 GB 13392《道路运输危险货物车辆标志》的规定。

B.3.4　其他要求

(1)避免在汽车罐车车架应力集中区内进行钻孔或者焊接；

(2)汽车罐车罐体纵向中心平面与底盘纵向中心平面应当重合，偏差不大于 6mm，罐体与底盘或者走行装置的连接合理、牢固。

B.4　使用管理

B.4.1　达到设计使用年限的罐体的处理

(1)对于已经达到设计使用年限的汽车罐车罐体，但是其危险品车辆未超过规定使用年限，如果罐体要继续使用，使用单位应当委托具有相应资质的检验机构对其进行检验，检验机构按照定期检验的要求作出检验结论并且评定其安全状况等级，经过使用单位主要负责人批准后，方可继续使用；

(2)危险品车辆达到规定的使用年限需要报废时，其罐体随车辆一同报废，其中真空绝热罐体的使用未达到设计使用年限的，可以按照本附件 B4.2 规定更换走行装置。

B.4.2　真空绝热罐体的汽车罐车走行装置更换

B.4.2.1　更换走行装置要求

在定期检验有效期内的真空绝热罐体的汽车罐车，更换其走行装置，应当符合以下要求：

(1)汽车罐车走行装置的更换改造由该汽车罐车的原制造单位进行，并且对更换改造的质量负责；

(2)更换走行装置后的汽车罐车质量符合引用标准要求，制造单位向使用单位提供汽车罐车改造合格证及产品质量证明文件；

(3)更换走行装置的改造过程，由具有相应资格的检验机构对其过程进行监督检验，未经监督检验合格的汽车罐车不得投入使用；

(4)使用单位按照有关规定，持制造单位提供的汽车罐车改造合格证及产品质量证明文件和检验机构的监督检验证书，以及汽车罐车登记资料向使用登记机关变更登记信息。

B.4.2.2　走行装置更换改造前制造单位职责

汽车罐车走行装置进行更换改造前，承担更换改造的原制造单位应当对需要改造的真空绝热罐体进行全面检查和安全性能评估，其安全性能应当满足安全技术规范及其引用标准的规定。

附件 C

罐式集装箱专项安全技术要求

C.1 总则

C.1.1 资质和职责

罐式集装箱的设计和制造单位除按照国家质检总局的规定取得相应的特种设备设计和制造资质外，对于参与海运、国际联运或者海关监管的罐式集装箱的制造单位还应当按照国务院交通运输主管部门的规定取得相应的产品制造资质。

罐式集装箱的设计应当为整体设计，设计单位对罐式集装箱设计文件的正确性和完整性负责。

罐式集装箱的制造应当为整体制造，制造单位对罐式集装箱的制造质量负责。

C.1.2 型式试验或者相关试验

(1)罐式集装箱应当按照型号进行型式试验或者相关试验，取得试验合格证明文件；

(2)仅参与公路运输并且不进行堆码的罐式集装箱，型式试验由国家质检总局核准的型式试验机构进行，型式试验项目至少包括吊顶试验、吊底试验、纵向栓固试验、内部横向栓固试验和内部纵向栓固试验；

(3)除本条第(2)项以外的适用于公路、铁路、水路及其联运的罐式集装箱，型式试验或者相关试验由国务院有关部门核准或者批准的试验机构进行，试验项目应当符合相应国家标准或者行业标准的规定。

C.2 材料

(1)角件应当符合相应国家标准的规定，并且有产品质量证明文件；

(2)角柱、端梁及侧梁用钢板、型材等应当具有良好的可焊性和韧性；

(3)框架材料应当具有足够的强度和冲击韧性，并且满足相应国家标准的规定；

(4)框架和支撑等材料应当考虑到外界环境的腐蚀作用和环境温度的影响。

C.3 设计

C.3.1 基本要求

(1)适用于公路、铁路和水路及其联运的罐式集装箱，罐体设计温度应当符合引用标准的规定；

(2)罐式集装箱的外形尺寸和性能参数应当符合相应国家标准的规定；

(3)罐式集装箱的整体结构强度、刚度应当符合相应国家标准的规定，并且采用有限元分析方法进行计算。

C.3.2 结构

(1)用于国际联运或者海关监管的罐式集装箱应当按照国际海关公约的要求设置关封装置；

(2)罐式集装箱设计时，应当考虑采取适当防护措施，防止在纵向、横向受到冲击或者翻倒而造成损坏或者介质的泄漏；

(3)罐式集装箱支承、框架以及起吊和系固附件的设计，应当避免对罐式集装箱的任何部位造成不适当的应力集中；

(4)罐式集装箱支承的形式应当是支架、框架、低支撑平台或者类似结构，并且能够满足使用要求；

(5)罐式集装箱不得设置叉槽；

(6)充装易燃、易爆介质罐体的所有排放气体出口应当集中通过阻火器排放；

(7)充装易燃、易爆介质的罐式集装箱应当设置可靠的导静电连接端子；

(8)保温或者保冷层的设置，不得妨碍装卸系统和安全附件的正常工作及维修；

(9)在罐式集装箱的适当位置设置文件筒，用以盛装罐式集装箱使用过程中的相关资料，如产品使用说明书、罐体内清洁证书等。

C.4　制造

(1)每根角柱与角件焊接后，按照引用标准的规定进行拉力试验，以不出现裂纹及明显变形为合格；

(2)仅参与公路运输的罐式集装箱应当在明显的部位喷涂或者粘贴仅适用于公路运输、禁止堆码的警示性标志。

C.5　使用管理

C.5.1　达到设计使用年限的罐体的处理

对于已经达到设计使用年限的罐式集装箱罐体，如果罐体要继续使用，使用单位应当委托具有相应资质的检验机构对其进行检验，检验机构按照定期检验的要求作出检验结论并且评定其安全状况等级，经过使用单位主要负责人批准后，方可继续使用。

C.5.2　租赁境外罐式集装箱的安全管理

租赁境外产权的罐式集装箱(以下简称租赁罐箱)的使用单位，在境内使用的安全管理要求如下：

(1)使用单位应当贯彻执行本规程和相关的法律法规，加强使用管理；

(2)使用单位应当制定和执行租赁罐箱租赁期间的安全管理制度；

(3)使用单位应当按台建立租赁罐箱的技术档案；

(4)每台租赁罐箱应当具有境外官方检验机构的有效检验证书和租赁合同；

(5)按照规定要求办理租赁罐箱的通关手续和境内检验机构的安全性能监督检验；

(6)使用单位应当到其所在地的省级质监部门办理租赁罐箱的临时使用证。

附件 D(略)

附件 E(略)

附件 F

移动式压力容器产品合格证

编号:

制造单位			
组织机构代码		制造许可证编号	
产品名称		产品型号	
产品编号		制造许可级别	
产品图号		设备代码	
设计单位			
组织机构代码		设计许可证编号	
设计日期	年 月 日	制造日期	年 月 日

本产品在制造过程中经过质量检验,符合《移动式压力容器安全技术监察规程》及其设计图样、相关技术标准和订货合同的要求。

检验责任工程师(签章): 日期:

质量保证工程师(签章): 日期:

产品质量检验专用章

年 月 日

注:本合格证包括所附的移动式压力容器产品数据表,制造单位应当按照特种设备信息化的要求,将其信息输入特种设备的设备数据库。

附件 G（选编）

移动式压力容器产品铭牌

（1）铁路罐车产品铭牌

					监检标记
产品名称					●
产品型号		产品编号		载　重	t
设计压力	MPa	耐压试验压力	MPa	制造许可级别	
设计温度	℃	自　重	t	最高允许工作压力	MPa
容　积	m^3	介　质		主体材料	
设计使用年限	年	产品标准			
制造日期	年　月	制造许可证编号			
制造单位					
设备代码		使用登记证编号			
铭牌的拓印件或者复印件存于移动式压力容器产品质量证明书中					

（2）汽车罐车产品铭牌

					监检标记
产品名称					●
产品型号		产品编号		车辆VIN码	
设计压力	MPa	耐压试验压力	MPa	最高允许工作压力	MPa
设计温度	℃	容　积	m^3	主体材料	
总 质 量	kg	最大允许充装量	kg	整备质量	kg
介　质		设计使用年限	年	制造许可级别	
制造日期	年　月	产品标准			
制造单位		制造许可证编号			
设备代码		使用登记证编号			
铭牌的拓印件或者复印件存于移动式压力容器产品质量证明书中					

……

附录 H（略）

七、《系列1集装箱　分类、尺寸和额定质量》(GB/T 1413—2008)(选编)

系列1集装箱　分类、尺寸和额定质量

1　范围(略)

2　规范性引用文件(略)

3　术语和定义

本标准中有关定义与ISO 830集装箱术语的规定一致,但为了便于使用本标准,在此列出相关定义如下。

3.1

集装箱　freight container

一种运输设备,应具备下列条件:

a)　具有足够的强度,在有效使用期内可以反复使用;

b)　适于一种或多种运输方式运送货物,途中无需倒装;

c)　设有供快速装卸的装置,便于从一种运输方式转到另一种运输方式;

d)　便于箱内货物装满和卸空;

e)　内容积等于或大于1m^3(35.3ft^3)。

"集装箱"这一术语既不包括车辆也不包括一般包装。

3.2

ISO集装箱　ISO container

按照现行ISO标准生产的集装箱。

3.3

额定质量　rating

集装箱的总质量,在作业时为最高值,在试验时为最低值,通常以字母"R"表示。

3.4

公称尺寸　nominal dimensions

不考虑公差并将其化整到最接近整数的尺寸。

3.5

内部尺寸　internal dimensions

在不考虑顶角件伸入箱内部分的条件下,集装箱的内接最大矩形六面体的尺寸。

除另有规定者外,内部尺寸与内部净空尺寸是同义词。

3.6

门框开口　door opening

通常为设在集装箱端部的门孔,按照箱内最大平行六面体的宽度和高度设置门孔,使货物能无障碍的进入集装箱。

4 分类和型号(略)

5 尺寸、公差和额定质量(选编)

……

5.2.2 额定质量

表2所示的额定质量适用于各种类型的集装箱。

表2 系列1集装箱的外部尺寸、允许公差和额定质量

集装箱型号	长度 L					宽度 W				高度 H					额定总质量 R[a]（总质量）	
	mm	公差 mm	ft	in	公差 in	mm	公差 mm	ft	公差 in	mm	公差 mm	ft	in	公差 mm	kg	1b
1EEE	13716	0 -10	45		0 $-\frac{3}{8}$	2438	0 -5	8	0 $-\frac{3}{16}$	2896[b]	0 -5	9	6[b]	0 $-\frac{3}{16}$	30480[b]	67200[b]
1EE										2591[b]	0 -5	8	6[b]	0 $-\frac{3}{16}$		
1AAA	12192	0 -10	40		0 $-\frac{3}{8}$	2438	0 -5	8	0 $-\frac{3}{16}$	2896[b]	0 -5	9	6[b]	0 $-\frac{3}{16}$	30480[b]	67200[b]
1AA										2591[b]	0 -5	9	6[b]	0 $-\frac{3}{16}$		
1A										2438	0 -5	8	6[b]	0 $-\frac{3}{16}$		
1AX										<2438		<8				
1BBB	9125	0 -10	29	11 $\frac{1}{4}$	0 $-\frac{3}{8}$	2438	0 -5	8	0 $-\frac{3}{16}$	2896[b]	0 -5	9	6[b]	0 $-\frac{3}{16}$	30480[b]	67200[b]
1BB										2591[b]	0 -5	8	6[b]	0 $-\frac{3}{16}$		
1B										2438	0 -5	8		0 $-\frac{3}{16}$		
1BX										<2438		<8				
1CC	6058	0 -6	19	10 $\frac{1}{2}$	0 $-\frac{1}{4}$	2438	0 -5	8	0 $-\frac{3}{16}$	2591[b]	0 -5	8	6[b]	0 $-\frac{3}{16}$	30480[b]	67200[b]
1C										2438	0 -5	8		0 $-\frac{3}{16}$		
1CX										<2438						

续上表

<table>
<tr><th rowspan="2">集装箱型号</th><th colspan="4">长度 L</th><th colspan="4">宽度 W</th><th colspan="4">高度 H</th><th colspan="2">额定总质量 R[a]（总质量）</th></tr>
<tr><th>mm</th><th>公差 mm</th><th>ft in</th><th>公差 in</th><th>mm</th><th>公差 mm</th><th>ft</th><th>公差 in</th><th>mm</th><th>公差 mm</th><th>ft in</th><th>公差 mm</th><th>kg</th><th>1b</th></tr>
<tr><td>1D</td><td rowspan="2">2991</td><td rowspan="2">0
−5</td><td rowspan="2">9 $9\frac{3}{4}$</td><td rowspan="2">0
$-\frac{3}{16}$</td><td rowspan="2">2438</td><td rowspan="2">0
−5</td><td rowspan="2">8</td><td rowspan="2">0
$-\frac{3}{16}$</td><td>2438</td><td>0
−5</td><td>8</td><td rowspan="2">0
$-\frac{3}{16}$</td><td rowspan="2">10160</td><td rowspan="2">22400</td></tr>
<tr><td>1DX</td><td><2438</td><td></td><td><8</td></tr>
<tr><td colspan="15">a 见5.2.2。
b 某些国家对车辆和装载货物的总高度载荷有法规限制（如铁路和公路部门）。</td></tr>
</table>

特别注意：由于某些特殊运输的需求，出现了一定数量的长度和宽度类似ISO系列1的专用集装箱，但其额定质量和高度超过本标准的规定，这类集装箱不能充分参与多式联运，其运输需作特殊安排。

……

八、《液化气体运输车》(GB/T 19905—2005)(选编)

液化气体运输车

1 范围(略)

2 规范性引用文件(略)

3 术语和定义(略)

4 总论(略)

5 外购件及材料(略)

6 设计(略)

7 安全附件和承压附件(略)

8 制造(略)

9 试验方法(略)

10 检验规则(略)

11 标志、标识

11.1 标志

11.1.1 液化气体运输车罐体应有一条沿通过罐体中心线的水平面与罐体外表面的交线对称均匀涂刷的表示液化气体介质种类的环形色带,在罐体两侧中央部位留空处涂刷标志图形。色带宽度不小于150mm,颜色按表6的规定。

11.1.2 运输介质的图形标志的选用以及图形标志尺寸的规定:在罐体两侧中央环形色带留空处,按GB 190规定的图形、字样、颜色,涂刷标志图形,图形尺寸不小于300mm×300mm。

11.1.3 车辆识别代码(VIN)应符合下列要求:

a) 单车识别代码(VIN)应有底盘制造厂标志;

b) 半挂车识别代码(VIN)应有制造厂标志在半挂车行走机构上。

11.2 标识

11.2.1 液化气体运输车的罐体外表面的文字的字色、字高和字样的规定(参见图10):在罐体两侧后部色带的上方书写储运介质的名称，字色为大红（R03），字高不小于300mm，字样宜为仿宋体。在介质名称对应色带的下方书写“罐体下次检验日期：××××年××月”，字色为黑色，字高不小于100mm。

表6　常见介质的色带和标志图形

<table>
<tr><th>介质特性</th><th>介质举例</th><th>字色</th><th>色带颜色</th><th>标志图形按GB 190的规定</th></tr>
<tr><td>有毒</td><td>液氨
液氯
液态二氧化硫</td><td rowspan="2">大红色（R03）</td><td>淡黄色（Y06）</td><td>有毒气体标志</td></tr>
<tr><td>易燃</td><td>丙烯
丙烷
液化石油气
正丁烷
异丁烷
丁烯、异丁烯
丁二烯</td><td>大红色（R03）</td><td>易燃气体标志</td></tr>
<tr><td>非易燃、无毒</td><td>液态二氧化碳</td><td>大红色（R03）</td><td>淡酚蓝（PB06）</td><td>非易燃压缩气体标志</td></tr>
</table>

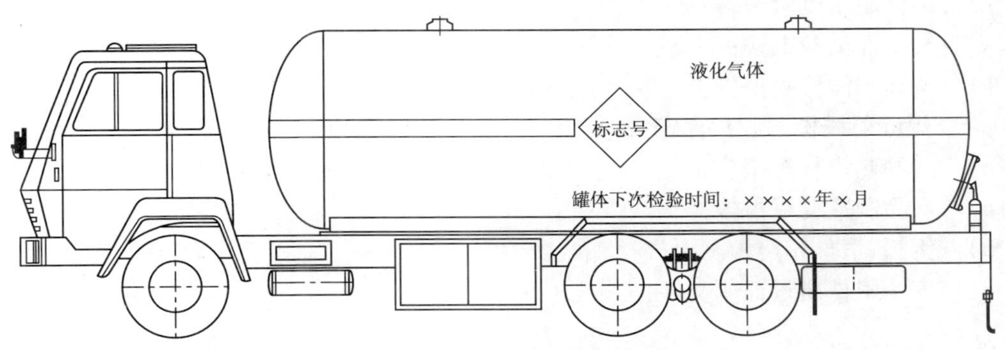

图10　液化气体运输车标志示意图

液化气体运输车的其余裸露部分涂色规定如下：

安全阀——大红色（R03）；

气相管（阀）——大红色（R03）；

液相管（阀）——淡黄色（Y06）；

其他——不限。

11.2.2　液化气体运输车的产品铭牌应安装在罐体一侧的易见部位，产品铭牌的格式与内容按附录B的规定。

12　出厂文件

12.1　液化气体运输车的制造厂应向使用单位提供以下技术文件和资料：

a） 产品质量证明书（格式和内容见附录C）；

b） 液化气体运输车总图竣工图、罐体竣工图、强度计算书、安全泄放量和安全泄放装置排放能力设计计算书或计算结果汇总表；

c） 产品使用说明书；

d） 底盘使用说明书、合格证；

e） 备件、附件清单和相应的质量合格证明；

f） 锅炉压力容器产品安全性能监督检验证书；

g） 底盘的随车工具及附件清单。

12.2 液化气体运输车产品质量证明书至少包含下列内容：

a） 产品合格证；

b） 产品技术特性；

c） 主要受压元件使用材料一览表；

d） 产品焊接试板力学和弯曲性能检验报告；

e） 罐体外观及几何尺寸检验报告；

f） 焊缝射线检测报告；

g） 磁粉检测报告；

h） 渗透检测报告；

i） 罐体焊后热处理报告；

j） 罐体耐压试验报告；

k） 气密性试验报告；

l） 整车车体检验报告；

m） 焊缝射线检测底片评定表；

n） 焊缝超声检测报告；

o） 产品制造变更报告；

p） 钢板、锻件超声检测报告；

q） 安全附件质量证明文件。

13 储存、运输（略）

附录 A(略)

附　录　B
(资料性附录)
产品铭牌的格式和内容

(产品型号、名称)

产品编号				设计压力	MPa
发动机功率	kW	容积	m^3	设计温度	℃
充装介质				最大充装质量	kg
满载总质量	kg			整车整备质量	kg
许可证编号				制造日期	年　月
VIN代码					
	(制造单位名称)				
设备编号				注册编号	

铭牌的拓印件存于压力容器产品质量证明书中

本设备须经当地锅炉压力安全监察机构登记注册，并发给注册编号后方能投入使用

注:图中"•"为监检标记位置。

图 B.1　铭牌格式与内容

附录 C（选编）
（资料性附录）
产品质量证明书的格式和内容

表 C.1　产品质量证明书封面

××××××厂（公司）

液化气体运输车产品质量证明书

产　品　名　称　______________________

产　品　编　号　______________________

质量保证工程师（签章）　__________________

单位法定代表人（签章）　__________________

质量检验专章（公章）　__________________

表 C.2 产品合格证

产品合格证

制造单位：______	设计单位：______
制造许可证编号：______	设计批准书号：______
产品名称：______	产品型号：______
产品图号：______	产品编号：______
车辆识别代号：______	发动机编号：______
订货单位：______	

制造完成日期：______年______月______日

本产品的制造，经检验符合《压力容器安全技术监察规程》、《液化气体汽车罐车安全监察规程》及GB/T 19905—2005《液化气体运输车》和设计图样的要求，产品合格。

质量总检验员：______ 年 月 日

质量检验专章：______ 年 月 日

表 C.3　产品技术特性

产品编号：　　　　　　　　　　　　　　　　　　　　　　　　报告编号：

项目			数据
单车（半挂车）	底盘（半挂车）型号		
	发动机功率		kW
	整备质量		kg
	最大充装质量		kg
	满载总质量		kg
	满载轴荷质量	前轴（前支撑）	kg
		后轴	kg
	设计限速	平直路面	km/h
		转弯	km/h
	气密性试验压力		MPa
	空载、静态状态下，向左侧和右侧倾斜最大倾斜稳定角		
紧急切断装置	型号	气相	
		液相	
	型式	气相	
		液相	
	公称压力	气相	MPa
		液相	MPa
	公称直径	气相	mm
		液相	mm
	操作方式	气相	
		液相	
	闭止时间	气相	s
		液相	s
	熔闭温度	气相	℃
		液相	℃
液面计	型号		
	型式		
	公称压力		MPa
	测示范围		
	精度		级

项目			数据
罐体	设计压力		MPa
	设计温度		℃
	主体材料	筒体	
		封头	
	容积		m^3
	充装介质		
	罐体质量		kg
	腐蚀裕量		mm
	热处理方式		
	耐压试验压力		MPa
	外形尺寸（内径×壁厚×长度）		mm×mm×mm
安全阀（爆破片）	型号		
	型式		
	公称压力		MPa
	阀座喉径		mm
	开启压力		MPa
	回座压力		MPa
	排放压力		MPa
	爆破片材料		
	爆破片泄放口直径		mm
	标定爆破压力		MPa
装卸装置	气相接头	型号	
		型式	
	液相接头	型号	
		型式	
	公称压力		MPa
	公称直径	气相	mm
		液相	mm
导静电带型号			
VIN代码			

施工依据		
施工依据	设计标准	
	制造标准	
	无损检测标准	

年　　月　　日

……

第二篇

行业标准

一、《汽车运输危险货物规则》(JT 617—2004)

汽车运输危险货物规则

1 范围

本标准规定了汽车运输危险货物的托运、承运、车辆和设备、运输、从业人员、劳动防护等基本要求。

本标准适用于汽车运输危险货物的安全管理。

2 规范性引用文件

下列文件中的条款通过本标准的引用而成为本标准的条款。凡是注日期的引用文件,其随后所有的修改单(不包括勘误的内容)或修订版均不适用于本标准,然而,鼓励根据本标准达成协议的各方研究是否可使用这些文件的最新版本。凡是不注日期的引用文件,其最新版本适用于本标准。

GB 150　钢制压力容器
GB 190　危险货物包装标志
GB/T 191　包装储运图示标志(eqv ISO 780)
GB 6944　危险货物分类和品名编号
GB 7258　机动车运行安全技术条件
GB 11806　放射性物质安全运输规定
GB 12268　危险货物品名表
GB 12463　危险货物运输包装通用技术条件
GB 13392　道路运输危险货物车辆标志
GB 15258　化学品安全标签编写规定
GB/T 16563—1996　液体气体及加压干散货罐式集装箱技术要求和试验方法(idt ISO 1496—3:1995)
GB 18564　汽车运输液体危险货物常压容器(罐体)通用技术条件
JT/T 198　营运车辆技术等级划分和评定要求
JT 230　汽车导静电橡胶拖地带

3 术语和定义

下列术语和定义适用于本标准。

3.1

危险货物　dangerous goods

具有爆炸、易燃、毒害、腐蚀、放射性等性质,在运输、装卸和储存保管过程中,容易造成人身伤亡和财产损毁而需要特别防护的货物。

3.2

危险废物　dangerous disposal

列入国家危险废物名录或者根据国家规定的危险废物鉴别标准和鉴别方法认定的具有危险特性的废物。

3.3

医疗废物　medical disposal

医疗卫生机构在医疗、预防、保健以及其他相关活动中产生的具有直接或者间接感染性、毒性以及其他危害性的废物。

3.4

不可移动罐体车　vessel permanently fixed trailer

罐体永久性固定在车辆底盘上，与车辆不可分离的罐体运输车。

3.5

拖挂罐体车　semi-trailer

罐体永久性固定在挂车底盘上，与挂车不可分离，牵引车与挂车可分离的罐体运输车。

3.6

罐式集装箱　tank container

由箱体框架和罐体两部分组成的集装箱，有单罐式和多罐式两种（GB/T 1992—1985，定义2.2.2.2）。

4　分类和分项

危险货物的分类和分项应符合GB 6944的规定。

5　包装、标志和标签

5.1　包装

危险货物的包装应符合GB 12463、GB 11806和GB 18564的规定。

5.2　标志

危险货物的标志应符合GB 190和GB/T 191的规定。

5.3　安全标签

危险货物的安全标签应符合GB 15258的规定。

5.4　安全技术说明书

危险货物的安全技术说明书应符合国家有关规定。

6　托运

6.1　托运人应向具有汽车运输危险货物经营资质的企业办理托运，且托运的危险货物应与承运企业的经营范围相符合。

6.2　托运人应如实详细地填写运单上规定的内容，运单基本内容见附录A，并应提交与托运的危险货物完全一致的安全技术说明书和安全标签。

6.3 托运未列入 GB 12268 的危险货物时，应提交与托运的危险货物完全一致的安全技术说明书、安全标签和危险货物鉴定表，危险货物鉴定表见附录 B。

6.4 危险货物性质或消防方法相抵触的货物应分别托运。

6.5 盛装过危险货物的空容器，未经消除危险处理、有残留物的，仍按原装危险货物办理托运。

6.6 使用集装箱装运危险货物的，托运人应提交危险货物装箱清单。

6.7 托运需控温运输的危险货物，托运人应向承运人说明控制温度、危险温度和控温方法，并在运单上注明。

6.8 托运食用、药用的危险货物，应在运单上注明“食用”、“药用”字样。

6.9 托运放射性物品，按 GB 11806 办理。

6.10 托运需要添加抑制剂或者稳定剂的危险化学品，托运人交付托运时应当添加抑制剂或者稳定剂，并在运单上注明。

6.11 托运凭证运输的危险货物，托运人应提交相关证明文件，并在运单上注明。

6.12 托运危险废物、医疗废物，托运人应提供相应识别标识。

7 承运

7.1 承运人应按照道路运输管理机构核准的经营范围受理危险货物的托运。

7.2 承运人应核实所装运危险货物的收发货地点、时间以及托运人提供的相关单证是否符合规定，并核实货物的品名、编号、规格、数量、件重、包装、标志、安全技术说明书、安全标签和应急措施以及运输要求。

7.3 危险货物装运前应认真检查包装的完好情况，当发现破损、撒漏，托运人应重新包装或修理加固，否则承运人应拒绝运输。

7.4 承运人自接货起至送达交付前，应负保管责任。货物交接时，双方应做到点收、点交，由收货人在运单上签收。发生剧毒、爆炸、放射性物品货损、货差的，应及时向公安部门报告。

7.5 危险货物运达卸货地点后，因故不能及时卸货的，应及时与托运人联系妥善处理；不能及时处理的，承运人应立即报告当地公安部门。

7.6 承运人应拒绝运输托运人应派押运人员而未派的危险货物。

7.7 承运人应拒绝运输已有水渍、雨淋痕迹的遇湿易燃物品。

7.8 承运人有权拒绝运输不符合国家有关规定的危险货物。

8 车辆和设备

8.1 基本要求

8.1.1 车辆安全技术状况应符合 GB 7258 的要求。

8.1.2 车辆技术状况应符合 JT/T 198 规定的一级车况标准。

8.1.3 车辆应配置符合 GB 13392 的标志，并按规定使用。

8.1.4 车辆应配置运行状态记录装置（如行驶记录仪等）和必要的通信工具。

8.1.5 运输易燃易爆危险货物车辆的排气管，应安装隔热和熄灭火星装置，并配装符合 JT 230 规定的导静电橡胶拖地带装置。

8.1.6 车辆应有切断总电源和隔离电火花装置，切断总电源装置应安装在驾驶室内。

8.1.7 车辆车厢底板应平整完好，周围栏板应牢固；在装运易燃易爆危险货物时，应使用木质底板等防护衬垫措施。

8.1.8 各种装卸机械及工、属具，应有可靠的安全系数；装卸易燃易爆危险货物的机械及工、属具，应有消除产生火花的措施。

8.1.9 根据装运危险货物性质和包装形式的需要，应配备相应的捆扎、防水和防散失等用具。

8.1.10 运输危险货物的车辆应配备消防器材并定期检查、保养，发现问题应立即更换或修理。

8.2 特定要求

8.2.1 运输爆炸品的车辆，应符合国家爆破器材运输车辆安全技术条件规定的有关要求。

8.2.2 运输爆炸品、固体剧毒品、遇湿易燃物品、感染性物品和有机过氧化物时，应使用厢式货车运输，运输时应保证车门锁牢；对于运输瓶装气体的车辆，应保证车厢内空气流通。

8.2.3 运输液化气体、易燃液体和剧毒液体时，应使用不可移动罐体车、拖挂罐体车或罐式集装箱；罐式集装箱应符合 GB/T 16563 的规定。

8.2.4 运输危险货物的常压罐体，应符合 GB 18564 规定的要求。

8.2.5 运输危险货物的压力罐体，应符合 GB 150 规定的要求。

8.2.6 运输放射性物品的车辆，应符合 GB 11806 规定的要求。

8.2.7 运输需控温危险货物的车辆，应有有效的温控装置。

8.2.8 运输危险货物的罐式集装箱，应使用集装箱专用车辆。

9 运输

9.1 危险货物运输车辆严禁超经营范围运输。严禁超载、超限。

9.2 运输危险货物时应随车携带“道路运输危险货物安全卡”，见附录 C。

9.3 运输不同性质危险货物，其配装应按“危险货物配装表”规定的要求执行，“危险货物配装表”见附录 D。

9.4 运输危险货物应根据货物性质，采取相应的遮阳、控温、防爆、防静电、防火、防震、防水、防冻、防粉尘飞扬、防撒漏等措施。

9.5 运输危险货物的车厢应保持清洁干燥，不得任意排弃车上残留物；运输结束后被危险货物污染过的车辆及工、属具，应按附录 E 的方法到具备条件的地点进行车辆清洗消毒处理。

9.6 运输危险废物时，应采取防止污染环境的措施，并遵守国家有关危险货物运输管理的规定。

9.7 运输医疗废物时，应使用有明显医疗废物标识的专用车辆；医疗废物专用车辆应达到防渗漏、防遗撒以及其他环境保护和卫生要求；专用车辆使用后，应当在医疗废物集中处置场所内及时进行消毒和清洁；运送医疗废物的专用车辆不得运送其他物品。

9.8 夏季高温期间限制运输的危险货物,应按有关规定执行。

9.9 运输危险货物的车辆禁止搭乘无关人员。

9.10 运输危险货物的车辆不得在居民聚居点、行人稠密地段、政府机关、名胜古迹、风景游览区停车。如需在上述地区进行装卸作业或临时停车,应采取安全措施。

9.11 运输爆炸物品、易燃易爆化学物品以及剧毒、放射性等危险物品,应事先报经当地公安部门批准,按指定路线、时间、速度行驶。

10 从业人员

10.1 运输危险货物的驾驶人员、押运人员和装卸管理人员应持证上岗。

10.2 从业人员应了解所运危险货物的特性、包装容器的使用特性、防护要求和发生事故时的应急措施,熟练掌握消防器材的使用方法。

10.3 运输危险货物应配备押运人员。押运人员应熟悉所运危险货物特性,并负责监管运输全过程。

10.4 驾驶人员和押运人员在运输途中应经常检查货物装载情况,发现问题及时采取措施。

10.5 驾驶人员不得擅自改变运输作业计划。

11 劳动防护

11.1 运输危险货物的企业(单位),应配备必要的劳动防护用品和现场急救用具;特殊的防护用品和急救用具应由托运人提供。

11.2 危险货物装卸作业时,应穿戴相应的防护用具,并采取相应的人身肌体保护措施;防护用具使用后,应按照国家环保要求集中清洗、处理;对被剧毒、放射性、恶臭物品污染的防护用具应分别清洗、消毒。

11.3 运输危险货物的企业(单位),应负责定期对从业人员进行健康检查和事故预防、急救知识的培训。

11.4 危险货物一旦对人体造成灼伤、中毒等危害,应立即进行现场急救,并迅速送医院治疗。

12 事故应急处理

运输危险货物的企业(单位),应建立事故应急预案和安全防护措施。

附　录　A
（规范性附录）
危险货物运单基本内容

危险货物运单应包括以下基本内容：

a）　托运、承运、收货者的单位名称、联系人、电话、传真、地址、邮编；

b）　收发货地点、收发货时间；

c）　危险货物品名、性质、编号、规格、数量、件重、包装形式、包装等级；

d）　凭证运输证明文件、运输特殊要求；

e）　运输注意事项。

附　录　B
(规范性附录)
危险货物鉴定表

危险货物鉴定表见表B.1。

表B.1　危险货物鉴定表

<table>
<tr><td>品　名</td><td></td><td>别　名</td><td></td></tr>
<tr><td>英文名</td><td></td><td>分子式</td><td></td></tr>
<tr><td>理化性能[a]</td><td colspan="3"></td></tr>
<tr><td>主要成分[b]</td><td colspan="3"></td></tr>
<tr><td>包装方法[c]</td><td colspan="3"></td></tr>
<tr><td>中毒急救措施</td><td colspan="3"></td></tr>
<tr><td>撤漏处理和
消防方法</td><td colspan="3"></td></tr>
<tr><td>运输注意事项[d]</td><td colspan="3"></td></tr>
<tr><td>鉴定单
位意见</td><td colspan="3">属于________类________项危险货物
比照______________________品名办理
比照危规第________号包装</td></tr>
<tr><td colspan="4">鉴定单位联系人：　　　　电话：　　　　传真：
地址：　　　　邮编：
鉴定单位及鉴定人______________________________(盖章)　　年　　月　　日</td></tr>
<tr><td colspan="4">申请单位联系人：　　　　电话：　　　　传真：
地址：　　　　邮编：
申请鉴定单位______________________________(盖章)　　年　　月　　日</td></tr>
<tr><td colspan="4">注：鉴定单位由国家安全生产监督管理局指定。</td></tr>
<tr><td colspan="4">a　性能包括色、味、形态、比重、熔点、沸点、闪点、燃点、爆炸极限、急性中毒极限及危险程度；
b　凡危险货物系混合物，应该详细填写所含危险货物的主要成分；
c　包装方法应注明材质、形状、厚度、封口、内部衬垫物、外部加固情况及内包装单位质量(重量)等；
d　对该种货物遇到何种物质可能发生的危险，提出防护措施。</td></tr>
</table>

附　录　C
（规范性附录）
道路运输危险货物安全卡

道路运输危险货物安全卡正面样式见图 C.1。

<table>
<tr><td rowspan="2">表示危险性的图形符号</td><td rowspan="2">化学品中文名称
化学品英文名称
（或危险组分名称、含量）
分子式</td><td colspan="2">UN NO.</td></tr>
<tr><td colspan="2">CN NO.</td></tr>
<tr><td colspan="2">危险性

（主要危险性）

储运要求</td><td colspan="2">泄漏处理

急　救

灭火方法</td></tr>
<tr><td colspan="4">防护措施：</td></tr>
</table>

图 C.1　道路运输危险货物安全卡正面样式

道路运输危险货物安全卡背面样式见图 C.2。

（根据不同情况联系政府部门或其他相关部门的电话号码）

安全监督部门电话号码：

消防部门电话号码：

化学急救电话号码：

医疗急救电话号码：

环保部门电话号码：

公安交警电话号码：

运输单位电话号码：

×××电话号码：

国家化学事故应急咨询电话:0532—3889090

图 C.2　道路运输危险货物安全卡背面样式

附　录　D
（规范性附录）
危险货物配装表

危险货物配装表见表 D.1。

表 D.1　危险货物配装表

危险货物	爆炸品	起爆器材	1	1																													
		炸药及爆炸性药品[a]	2	×	2																												
		其他爆炸品[b]	3	×	×	3																											
	压缩气体和液化气体	剧毒气体[c]	4	×	×	×	4																										
		易燃气体	5	×	×	Δ		5																									
		助燃气体	6	×	×	×		×	6																								
		不燃气体	7	×	×					7																							
	易燃物品	易燃液体	8	×	×	×	×		×		8																						
		易燃固体	9	×	×	Δ	×		×			9																					
		易自燃物品[d]	10	×	×	×	×		×				10																				
		遇潮湿时放出易燃气体物品	11	×	×	×	Δ	Δ	×		g	g	×	11																			
	氧化剂	氧化剂：硝酸盐类	12	×	×	×	×	×			×	×	×		12																		
		氧化剂：亚硝、亚氯、次亚氯酸盐类	13	×	×	×	×	×			×	×	×	×	×	13																	
		氧化剂：其他氧化剂	14	×	×	×	×	×			×	×	×	×		×	14																
		有机过氧化物	15	×	×	×	×	×	×		×	×	×	×		×	×	15															
	毒害品	无机毒害品	16	Δ	Δ	Δ									Δ	Δ	Δ		16														
		有机毒害品	17	×									Δ		×	×	×		×	17													
		易感染物品	18	×	×	×	×	×	×	×	×	×	×	×	×	×	×	×	×	×	18												
	腐蚀物品	无机酸性：溴	19	×	×	×		Δ			Δ	Δ	×	×	Δ	Δ	Δ	×	×	Δ	×	19											
		无机酸性：硝酸、发烟硝酸	20	×	×	×	×	×	×	×	×	×	×	×		×	×	×	×	×	×	Δ	20										
		无机酸性：硫酸、发烟硫酸、氯磺酸	21	×	×	×	×	×	×	×	×	×	×	×	×	×	×	×	×	×	×	Δ	×	21									
		无机酸性：其他无机酸性腐蚀物品	22	×	×	×	×	×	×	×	×	×	×	×	Δ	Δ	Δ	×	×	×	×		×	×	22								
		有机酸性腐蚀物品	23	×	×	×	×	×	×	×	×	×	×	×	×	×	×	×	×		×	×	×	×	×	23							
		碱性腐蚀物品[e]	24											Δ							×	×	×	×	×	×	24						
		其他腐蚀物品	25											Δ							×	×	×	×	Δ	Δ		25					
普通货物[h]	化学可燃物品		26	×	×	Δ	×		×				Δ	g	×	×	×	×			×	×	×	×	×	×			26				
	非化学可燃物品		27	×	×	Δ			×				Δ	×	×	×	×	×			×	×	×	×	×	×	Δ			27			
	饮食品、饲料、药品、药材		28	×	×	Δ	×				f	f		×	×	×	×	×	×	×	×	×	×	×	×	×	×				28		
	活动物		29	×	×	Δ	×	×			f	f		×	×	×	×	×	×	×	×	×	×	×	×	×	×	×				29	
	其他货物		30											g							×	×	×	×									30

表内无符号表示可以配装；“×”符号表示不得配装；“Δ”表示可以配装，但堆放时应隔离 2m 以上。

a　不同的炸药及爆炸性药品相互间不得配装；

b　其他爆炸品中的点火绳、点火线等点火器材与本项的其他爆炸物品，隔离 2m 以上；

c　其中液氯和液氨不得配装；

d　易自燃物品中的黄磷，不得与其他易自燃、易燃物品配装，需配装时要隔离；

e　生石灰、漂白粉与起爆器材、炸药及爆炸性物品、其他爆炸品、易燃液体隔离配载；

f　有恶臭及有毒易燃液体及易燃固体，不得与活动物、饮食物、饲料、药品、药材等配装；

g　含水的易燃物品和用水、泡沫、二氧化碳作主要灭火方法的物品，不得与遇潮湿时易放出易燃气体的物品配载；

h　放射性货物与其他危险货物不可在同一车厢内配装，与普通货物应按表 D.2 条件隔离。

隔开距离见表 D.2。

表 D.2　隔开距离

单位为米

对　象	包装等级	
	一级	二级	三级
行李包裹	不隔离	不隔离	不得配装
普通货物	不隔离	不隔离	1.5
未定影的照相底片和感光材料	0.5	1	5

附　录　E
（规范性附录）
车辆清洗消毒方法

E.1　凡装过危险货物的车辆，装卸后应进行清扫、洗刷和消毒工作。

E.2　对洗刷、消毒的车辆，车辆四周根据原装危险货物的性质，对渗留的残货彻底清扫后，分别用水（一定压力的水）、酸、碱溶液或其他药剂以及高压空气、水蒸气进行洗刷、消毒，具体方法见表E.1。

表E.1　车辆清洗消毒方

编　号	用　　品	方　　法
1	水（具有一定压力的水，如自来水）	用大量水冲刷
2	稀盐酸（如浓盐酸用水冲淡20倍）	药剂浸湿车辆木板后，用大量一定压力的水冲刷
3	碱或肥皂水、烧碱或纯碱（用水冲淡50倍）	
4	硫代硫酸钠（用水冲淡30倍）	
5	硫酸铜（用水冲淡30倍）	
6	高温高压水蒸气	冲熏，尤其注意木板缝隙内的残留物
7	高压空气（5kg左右）	
8	放射性货物用大量水冲洗，遇有放射性物质散落污染时，应用肥皂水洗刷后，再用大量水冲洗	

E.3　凡经洗刷、消毒的车辆，应达到水清无异味、无污染的痕迹。

E.4　检查方法，用眼看、鼻嗅；对放射性货物污染的车辆，洗后用仪器测定。

E.5　车辆洗刷、消毒后应做好记录，注明原装危险货物品名和洗刷消毒方法及日期。

E.6　经常办理危险货物的车队，应备有一定设备和材料，指定专人负责，建立责任制度。

E.7　洗刷、消毒作业应在指定的地点进行，对洗刷消毒后的污水，应妥善处理。

E.8　在远离车队的运输中途需对车辆洗刷消毒时，收货单位或货主单位应提供水源、污水处理等方便。

二、《汽车运输、装卸危险货物作业规程》(JT 618—2004)

汽车运输、装卸危险货物作业规程

1 范围

本标准规定了汽车运输、装卸危险货物的基本要求和安全作业要求。

本标准适用于爆炸品,压缩气体和液化气体,易燃液体,易燃固体、自燃物品和遇湿易燃物品,氧化剂和有机过氧化物,毒害品和感染性物品,放射性物品,腐蚀品和杂类等危险货物的汽车运输和装卸。

2 规范性引用文件

下列文件中的条款通过本标准的引用而成为本标准的条款。凡是注日期的引用文件,其随后所有的修改单(不包括勘误的内容)或修订版均不适用于本标准,然而,鼓励根据本标准达成协议的各方研究是否可使用这些文件的最新版本。凡是不注日期的引用文件,其最新版本适用于本标准。

GB 190　危险货物包装标志
GB 4387　工业企业厂内铁路、道路运输安全规程
GB 6944　危险货物分类和品名编号
GB 7258　机动车运行安全技术条件
GB 8978　污水综合排放标准
GB 11806　放射性物质安全运输规定
GB 12268　危险货物品名表
GB 13392　道路运输危险货物车辆标志
JT 230　汽车导静电橡胶拖地带
JT 617—2004　汽车运输危险货物规则

3 术语和定义

下列术语和定义适用于本标准。

3.1

自行加速分解温度　self-accelerating decomposition temperature(SADT)

运输包装件中的自反应物质或有机过氧化物可能发生自行加速分解的最低温度。

3.2

控制温度　control temperature

自反应物质和有机过氧化物可以安全运输的最高温度。

3.3

应急温度　emergency temperature

对温度失去控制的自反应物质和有机过氧化物实施应急措施的最高温度。

3.4

最高容许浓度　threshold limit values(TLV)

又称极限阈值。健康成人长期经受而不致造成急性或慢性危害的最高浓度。

3.5

自反应物质　self-reactive substances

热不稳定物质，即使没有氧气（空气）参与也易产生强烈的放热分解，属于易燃固体（第4.1项）。

4　通则

4.1　基本要求

4.1.1　汽车运输危险货物应符合JT 617—2004的规定。

4.1.2　危险货物的装卸应在装卸管理人员的现场指挥下进行。

4.1.3　在危险货物装卸作业区应设置警告标志。无关人员不得进入装卸作业区。

4.1.4　进入易燃、易爆危险货物装卸作业区应：

a)　禁止随身携带火种；

b)　关闭随身携带的手机等通信工具和电子设备；

c)　严禁吸烟；

d)　穿着不产生静电的工作服和不带铁钉的工作鞋。

4.1.5　雷雨天气装卸时，应确认避雷电、防湿潮措施有效。

4.1.6　运输危险货物的车辆在一般道路上最高车速为60km/h，在高速公路上最高车速为80km/h，并应确认有足够的安全车间距离。如遇雨天、雪天、雾天等恶劣天气，最高车速为20km/h，并打开示警灯，警示后车，防止追尾。

4.1.7　运输过程中，应每隔2h检查一次。若发现货损（如，丢失、泄漏等），应及时联系当地有关部门予以处理。

4.1.8　驾驶人员一次连续驾驶4h应休息20min以上；24h内实际驾驶车辆时间累计不得超过8h。

4.1.9　运输危险货物的车辆发生故障需修理时，应选择在安全地点和具有相关资质的汽车修理企业进行。

4.1.10　禁止在装卸作业区内维修运输危险货物的车辆。

4.1.11　对装有易燃易爆的和有易燃易爆残留物的运输车辆，不得动火修理。确需修理的车辆，应向当地公安部门报告，根据所装载的危险货物特性，采取可靠的安全防护措施，并在消防员监控下作业。

4.2　作业要求

4.2.1　出车前

4.2.1.1　运输危险货物车辆的有关证件、标志应齐全有效，技术状况应为良好，并按照有关规定对车辆安全技术状况进行严格检查，发现故障应立即排除。

4.2.1.2　运输危险货物车辆的车厢底板应平坦完好、栏板牢固，对于不同的危险货物，应采取相应的衬垫防护措施（如，铺垫木板、胶合板、橡胶板等），车厢或罐体内不得有与所装危险货物性质相抵触的残留物。

4.2.1.3　检查运输危险货物的车辆配备的消防器材，发现问题应立即更换或修理。

4.2.1.4　驾驶人员、押运人员应检查随车携带的“道路运输危险货物安全卡”是否与所运危险货物一致。

4.2.1.5　根据所运危险货物特性，应随车携带遮盖、捆扎、防潮、防火、防毒等工、属具和应急处理设备、劳动防护用品。

4.2.1.6　装车完毕后，驾驶人员应对货物的堆码、遮盖、捆扎等安全措施及对影响车辆起动的不安全因素进行检查，确认无不安全因素后方可起步。

4.2.2　运输

4.2.2.1　驾驶人员应根据道路交通状况控制车速，禁止超速和强行超车、会车。

4.2.2.2　运输途中应尽量避免紧急制动，转弯时车辆应减速。

4.2.2.3　通过隧道、涵洞、立交桥时，要注意标高、限速。

4.2.2.4　运输危险货物过程中，押运人员应密切注意车辆所装载的危险货物，根据危险货物性质定时停车检查，发现问题及时会同驾驶人员采取措施妥善处理。驾驶人员、押运人员不得擅自离岗、脱岗。

4.2.2.5　运输过程中如发生事故时，驾驶人员和押运人员应立即向当地公安部门及安全生产管理部门、环境保护部门、质检部门报告，并应看护好车辆、货物，共同配合采取一切可能的警示、救援措施。

4.2.2.6　运输过程中需要停车住宿或遇有无法正常运输的情况时，应向当地公安部门报告。

4.2.2.7　运输过程中遇有天气、道路路面状况发生变化，应根据所装载危险货物特性，及时采取安全防护措施。遇有雷雨时，不得在树下、电线杆、高压线、铁塔、高层建筑及容易遭到雷击和产生火花的地点停车。若要避雨时，应选择安全地点停放。遇有泥泞、冰冻、颠簸、狭窄及山崖等路段时，应低速缓慢行驶，防止车辆侧滑、打滑及危险货物剧烈震荡等，确保运输安全。

4.2.2.8　工业企业厂内进行危险货物运输，应按 GB 4387 执行。

4.2.3　装卸

4.2.3.1　装卸作业现场要远离热源，通风良好；电气设备应符合国家有关规定要求，严禁使用明火灯具照明，照明灯应具有防爆性能；易燃易爆货物的装卸场所要有防静电和避雷装置。

4.2.3.2　运输危险货物的车辆应按装卸作业的有关安全规定驶入装卸作业区，应停放在容易驶离作业现场的方位上，不准堵塞安全通道。停靠货垛时，应听从作业区业务管理人员的指挥，车辆与货垛之间要留有安全距离。待装卸的车辆与装卸中的车辆应保持足够的安全距离。

4.2.3.3　装卸作业前，车辆发动机应熄火，并切断总电源（需从车辆上取得动力的除外）。在有坡度的场地装卸货物时，应采取防止车辆溜坡的有效措施。

4.2.3.4　装卸作业前应对照运单，核对危险货物名称、规格、数量，并认真检查货物包装。货物的安全技术说明书、安全标签、标识、标志等与运单不符或包装破损、包装不符合有关规定的货物应拒绝装车。

4.2.3.5　装卸作业时应根据危险货物包装的类型、体积、重量、件数等情况和包装储运图示标志的要求，采取相应的措施，轻装轻卸，谨慎操作。同时应做到：

a）　堆码整齐，紧凑牢靠，易于点数；

b）　装车堆码时，桶口、箱盖朝上，允许横倒的桶口及袋装货物的袋口应朝里，卸车堆码时，桶口、箱盖朝上，允许横倒的桶口及袋装货物的袋口应朝外；

c）　装载平衡；堆码时应从车厢两侧向内错位骑缝堆码，高出栏板的最上一层包装件，堆码超出车厢前挡板的部分不得大于包装件本身高度的二分之一；

d）　装车后，货物应用绳索捆扎牢固，易滑动的包装件，需用防散失的网罩覆盖并用绳索捆扎牢固或用苫布覆盖严密，需用多块苫布覆盖货物时，两块苫布中间接缝处须有大于15cm的重叠覆盖，且货厢前半部分苫布需压在后半部分的苫布上面；

e）　包装件体积为450L以上的易滚动危险货物应紧固；

f）　带有通气孔的包装件不准倒置、侧置，防止所装货物泄漏或混入杂质造成危害。

4.2.3.6　装卸过程中需要移动车辆时，应先关上车厢门或栏板。若车厢门或栏板在原地关不上时，应有人监护，在保证安全的前提下才能移动车辆。起步要慢，停车要稳。

4.2.3.7　装卸危险货物的托盘、手推车应尽量专用。装卸前，要对装卸机具进行检查。装卸爆炸品、有机过氧化物、剧毒品时，装卸机具的最大装载量应小于其额定负荷的75%。

4.2.3.8　危险货物装卸完毕，作业现场应清扫干净。装运过剧毒品和受到危险货物污染的车辆、工具应按JT 617—2004中附录E车辆清洗消毒方法洗刷和除污。危险货物的撒漏物和污染物应送到当地环保部门指定地点集中处理。

5　包装货物运输、装卸要求

5.1　爆炸品

5.1.1　出车前

5.1.1.1　运输爆炸品应使用厢式货车。

5.1.1.2　厢式货车的车厢内不得有酸、碱、氧化剂等残留物。

5.1.1.3　不具备有效的避雷电、防湿潮条件时，雷雨天气应停止对爆炸品的运输、装卸作业。

5.1.2　运输

5.1.2.1　应按公安部门核发的道路通行证所指定的时间、路线等行驶。

5.1.2.2　运输过程中发生火灾时，应尽可能将爆炸品转移到危害最小的区域或进行有效隔离。不能转移、隔离时，应组织人员疏散。

5.1.2.3　施救人员应戴防毒面具。扑救时禁止用沙土等物压盖，不得使用酸碱灭火剂。

5.1.3　装卸

5.1.3.1　严禁接触明火和高温；严禁使用会产生火花的工具、机具。

5.1.3.2　车厢装货总高度不得超过1.5m。无外包装的金属桶只能单层摆放，以免压力过大或撞击摩擦引起爆炸。

5.1.3.3　火箭弹和旋上引信的炮弹应横装，与车辆行进方向垂直。凡从1.5m以上高度跌落或经过强烈震动的炮弹、引信、火工品等应单独存放,未经鉴定不得装车运输。

5.1.3.4　任何情况下,爆炸品不得配装;装运雷管和炸药的两车不得同时在同一场地进行装卸。

5.2　压缩气体和液化气体

此条款特指包装件为气瓶装的压缩气体和液化气体。

5.2.1　出车前

5.2.1.1　车厢内不得有与所装货物性质相抵触的残留物。

5.2.1.2　夏季运输应检查并保证瓶体遮阳、瓶体冷水喷淋降温设施等安全有效。

5.2.2　运输

5.2.2.1　运输中,低温液化气体的瓶体及设备受损、真空度遭破坏时,驾驶人员、押运人员应站在上风处操作,打开放空阀泄压,注意防止灼伤。一旦出现紧急情况,驾驶人员应将车辆转移到距火源较远的地方。

5.2.2.2　压缩气体遇燃烧、爆炸等险情时,应向气瓶大量浇水使其冷却,并及时将气瓶移出危险区域。

5.2.2.3　从火场上救出的气瓶,应及时通知有关技术部门另做处理,不可擅自继续运输。

5.2.2.4　发现气瓶泄漏时,应确认拧紧阀门,并根据气体性质做好相应的人身防护:

a)　施救人员应戴上防毒面具,站在上风处抢救;

b)　易燃、助燃气体气瓶泄漏时,严禁靠近火种;

c)　有毒气体气瓶泄漏时,应迅速将所装载车辆转移到空旷安全处。

5.2.2.5　除另有限运规定外,当运输过程中瓶内气体的温度高于40℃时,应对瓶体实施遮阳、冷水喷淋降温等措施。

5.2.3　装卸

5.2.3.1　装卸人员应根据所装气体的性质穿戴防护用品,必要时需戴好防毒面具。用起重机装卸大型气瓶或气瓶集装架(格)时,应戴好安全帽。

5.2.3.2　装车时要旋紧瓶帽,注意保护气瓶阀门,防止撞坏。车下人员须待车上人员将气瓶放置妥当后,才能继续往车上装瓶。在同一车厢内不准有两人以上同时单独往车上装瓶。

5.2.3.3　气瓶应尽量采用直立运输,直立气瓶高出栏板部分不得大于气瓶高度的四分之一。不允许纵向水平装载气瓶。水平放置的气瓶均应横向平放,瓶口朝向应统一;水平放置最上层气瓶不得超过车厢栏板高度。

5.2.3.4　妥善固定瓶体,防止气瓶窜动、滚动,保证装载平衡。

5.2.3.5　卸车时,要在气瓶落地点铺上铅垫或橡皮垫;应逐个卸车,严禁溜放。

5.2.3.6　装卸作业时,不要把阀门对准人身,注意防止气瓶安全帽脱落,气瓶应直立转动,不准脱手滚瓶或传接,气瓶直立放置时应稳妥牢靠。

5.2.3.7　装运大型气瓶(盛装净重在0.5t以上的)或气瓶集装架(格)时,气瓶与气瓶、集装架与集装架之间需填牢填充物,在车厢后栏板与气瓶空隙处应有固定支撑物,并用紧绳器紧固,严防气瓶滚动,重瓶不准多层装载。

5.2.3.8　装卸有毒气体时,应预先采取相应的防毒措施。

5.2.3.9　装货时,漏气气瓶、严重破损瓶(报废瓶)、异型瓶不准装车。收回漏气气瓶时,漏气气瓶应装在车厢的后部，不得靠近驾驶室。

5.2.3.10　装卸氧气瓶时，工作服、手套和装卸工具、机具上不得沾有油脂；装卸氧气瓶的机具应采用氧溶性润滑剂，并应装有防止产生火花的防护装置；不得使用电磁起重机搬运。库内搬运氧气瓶应采用带有橡胶车轮的专用小车，小车上固定氧气瓶的槽、架也要注意不产生静电。

5.2.3.11　配装时应做到：

a）易燃气体中除非助燃性的不燃气体、易燃液体、易燃固体、碱性腐蚀品、其他腐蚀品外，不得与其他危险货物配装；

b）助燃气体（如，空气、氧气及具有氧化性的有毒气体）不得与易燃、易爆物品及酸性腐蚀品配装；

c）不燃气体不得与爆炸品、酸性腐蚀品配装；

d）有毒气体不得与易燃易爆物品、氧化剂和有机过氧化物、酸性腐蚀物品配装；

e）有毒气体液氯与液氨不得配装。

5.3　易燃液体

5.3.1　出车前

根据所装货物和包装情况（如，化学试剂、油漆等小包装），随车携带好遮盖、捆扎等防散失工具，并检查随车灭火器是否完好，车辆货厢内不得有与易燃液体性质相抵触的残留物。

5.3.2　运输

装运易燃液体的车辆不得接近明火、高温场所。

5.3.3　装卸

5.3.3.1　装卸作业现场应远离火种、热源。操作时货物不准撞击、摩擦、拖拉；装车堆码时，桶口、箱盖一律向上，不得倒置；箱装货物，堆码整齐；装载完毕，应罩好网罩，捆扎牢固。

5.3.3.2　钢桶盛装的易燃液体，不得从高处翻滚溜放卸车。装卸时应采取措施防止产生火花，周围需有人员接应，严防钢桶撞击致损。

5.3.3.3　钢制包装件多层堆码时，层间应采取合适衬垫，并应捆扎牢固。

5.3.3.4　对低沸点或易聚合的易燃液体，若发现其包装容器内装物有膨胀（鼓桶）现象时，不得装车。

5.4　易燃固体、自燃物品和遇湿易燃物品

5.4.1　出车前

5.4.1.1　运输危险货物车辆的货厢、随车工、属具不得沾有水、酸类和氧化剂。

5.4.1.2　运输遇湿易燃物品，应采取有效的防水、防潮措施。

5.4.2　运输

5.4.2.1　运输过程中，应避开热辐射，通风良好，防止受潮。

5.4.2.2　雨雪天气运输遇湿易燃物品，应保证防雨雪、防湿潮措施切实有效。

5.4.3　装卸

5.4.3.1　装卸场所及装卸用工、属具应清洁干燥，不得沾有酸类和氧化剂。

5.4.3.2　搬运时应轻装轻卸，不得摩擦、撞击、震动、摔碰。

5.4.3.3　装卸自燃物品时，应避免与空气、氧化剂、酸类等接触；对需用水（如，黄磷）、煤油、

石蜡(如,金属钠、钾)、惰性气体(如,三乙基铝等)或其他稳定剂进行防护的包装件,应防止容器受撞击、震动、摔碰、倒置等造成容器破损,避免自燃物品与空气接触发生自燃。

5.4.3.4 遇湿易燃物品,不宜在潮湿的环境下装卸。若不具备防雨雪、防湿潮的条件,不准进行装卸作业。

5.4.3.5 装卸容易升华、挥发出易燃、有害或刺激性气体的货物时,现场应通风良好、防止中毒;作业时应防止摩擦、撞击,以免引起燃烧、爆炸。

5.4.3.6 装卸钢桶包装的碳化钙(电石)时,应确认包装内有无填充保护气体(氮气)。如未填充的,在装卸前应侧身轻轻地拧开桶上的通气孔放气,防止爆炸、冲击伤人。电石桶不得倒置。

5.4.3.7 装卸对撞击敏感,遇高热、酸易分解、爆炸的自反应物质和有关物质时,应控制温度;且不得与酸性腐蚀品及有毒或易燃脂类危险品配装。

5.4.3.8 配装时还应做到:

a) 易燃固体不得与明火、水接触,不得与酸类和氧化剂配装;

b) 遇湿易燃物品不得与酸类、氧化剂及含水的液体货物配装。

5.5 氧化剂和有机过氧化物

5.5.1 出车前

5.5.1.1 有机过氧化物应选用控温厢式货车运输;若车厢为铁质底板,需铺有防护衬垫。车厢应隔热、防雨、通风,保持干燥。

5.5.1.2 运输货物的车厢与随车工具不得沾有酸类、煤炭、砂糖、面粉、淀粉、金属粉、油脂、磷、硫、洗涤剂、润滑剂或其他松软、粉状等可燃物质。

5.5.1.3 性质不稳定或由于聚合、分解在运输中能引起剧烈反应的危险货物,应加入稳定剂;有些常温下会加速分解的货物,应控制温度。

5.5.1.4 运输需要控温的危险货物应做到:

a) 装车前检查运输车辆、容器及制冷设备;

b) 配备备用制冷系统或备用部件;

c) 驾驶人员和押运人员应具备熟练操作制冷系统的能力。

5.5.2 运输

5.5.2.1 有机过氧化物应加入稳定剂后方可运输。

5.5.2.2 有机过氧化物的混合物按所含最高危险有机过氧化物的规定条件运输,并确认自行加速分解温度(SADT),必要时应采取有效控温措施。

5.5.2.3 运输应控制温度的有机过氧化物时,要定时检查运输组件内的环境温度并记录,及时关注温度变化,必要时采取有效控温措施。

5.5.2.4 运输过程中,环境温度超过控制温度时,应采取相应补救措施;环境温度超过应急温度,应启动有关应急程序。其中,控制温度低于应急温度,应急温度低于自行加速分解温度(SADT),三者之间的关系见附录 A。

5.5.3 装卸

5.5.3.1 对加入稳定剂或需控温运输的氧化剂和有机氧化物,作业时应认真检查包装,密切注意包装有无渗漏及膨胀(鼓桶)情况,发现异常应拒绝装运。

5.5.3.2　装卸时，禁止摩擦、震动、摔碰、拖拉、翻滚、冲击。防止包装及容器损坏。

5.5.3.3　装卸时发现包装破损，不能自行将破损件改换包装，不得将撒漏物装入原包装内，而应另行处理。操作时，不得踩踏、碾压撒漏物，禁止使用金属和可燃物（如，纸、木等）处理撒漏物。

5.5.3.4　外包装为金属容器的货物，应单层摆放。需要堆码时，包装物之间应有性质与所运货物相容的不燃材料衬垫并加固。

5.5.3.5　有机过氧化物装卸时严禁混有杂质，特别是酸类、重金属氧化物、胺类等物质。

5.5.3.6　配装时还应做到：

a）氧化剂不能和易燃物质配装运输，尤其不能与酸、碱、硫黄、粉尘类（炭粉、糖粉、面粉、洗涤剂、润滑剂、淀粉）及油脂类货物配装；

b）漂白粉及无机氧化剂中的亚硝酸盐、亚氯酸盐、次亚氯酸盐不得与其他氧化剂配装。

5.6　毒害品和感染性物品

5.6.1　毒害品

5.6.1.1　出车前

除有特殊包装要求的剧毒品采用化工物品专业罐车运输外，毒害品应采用厢式货车运输。

5.6.1.2　运输

运输毒害品过程中，押运人员要严密监视，防止货物丢失、撒漏。行车时要避开高温、明火场所。

5.6.1.3　装卸

5.6.1.3.1　装卸作业前，对刚开启的仓库、集装箱、封闭式车厢要先通风排气，驱除积聚的有毒气体。当装卸场所的各种毒害品浓度低于最高容许浓度时方可作业。

5.6.1.3.2　作业人员应根据不同货物的危险特性，穿戴好相应的防护服装、手套、防毒口罩、防毒面具和护目镜等。

5.6.1.3.3　认真检查毒害品的包装，应特别注意剧毒品、粉状的毒害品的包装，外包装表面应无残留物。发现包装破损、渗漏等现象，则拒绝装运。

5.6.1.3.4　装卸作业时，作业人员尽量站在上风处，不能停留在低洼处。

5.6.1.3.5　避免易碎包装件、纸质包装件的包装损坏，防止毒害品撒漏。

5.6.1.3.6　货物不得倒置；堆码要靠紧堆齐，桶口、箱口向上，袋口朝里。

5.6.1.3.7　对刺激性较强的和散发异臭的毒害品，装卸人员应采取轮班作业。

5.6.1.3.8　在夏季高温期，尽量安排在早晚气温较低时作业；晚间作业应采用防爆式或封闭式安全照明。积雪、冰封时作业，应有防滑措施。

5.6.1.3.9　忌水的毒害品（如，磷化铝、磷化锌等），应防止受潮。装运毒害品之后的车辆及工、属具要严格清洗消毒，未经安全管理人员检验批准，不得装运食用、药用的危险货物。

5.6.1.3.10　配装时应做到：

a）无机毒害品不得与酸性腐蚀品、易感染性物品配装；

b）有机毒害品不得与爆炸品、助燃气体、氧化剂、有机过氧化物及酸性腐蚀物品配装；

c） 毒害品严禁与食用、药用的危险货物同车配装。

5.6.2 感染性物品

5.6.2.1 出车前

5.6.2.1.1 应穿戴专用安全防护服和用具。

5.6.2.1.2 认真检查盛装感染性物品的每个包装件外表的警示标识，核对医疗废物标签，标签内容包括：医疗废物产生单位、产生日期、类别及需要的特别说明等。标签、封口不符合要求时，拒绝运输。

5.6.2.2 运输

5.6.2.2.1 运输感染性物品，应经有关的卫生检疫机构的特许。

5.6.2.2.2 运输医疗废物，应符合 JT 617—2004 的 9.7 的要求。

5.6.2.2.3 运输医疗废物，应按照有关部门规定的时间和路线，从产生地点运送至指定地点。

5.6.2.2.4 车厢内温度应控制在所运医疗废物要求的温度范围之内。

5.6.2.3 装卸

5.6.2.3.1 根据不同的医疗废物分类，作业人员在工作中应穿戴好相应的防护服装、手套、防毒口罩、面具和护目镜等。

5.6.2.3.2 作业人员受到医疗废物刺伤、擦伤等伤害时，应采取相应的处理措施，并及时报告相关部门。

5.7 放射性物品

放射性物品的运输装卸应按 GB 11806 的有关规定执行。

5.8 腐蚀品

5.8.1 出车前

根据危险货物性质配备相应的防护用品和应急处理器具。

5.8.2 运输

5.8.2.1 运输过程中发现货物撒漏时，要立即用干砂、干土覆盖吸收；货物大量溢出时，应立即向当地公安、环保等部门报告，并采取一切可能的警示和消除危害措施。

5.8.2.2 运输过程中发现货物着火时，不得用水柱直接喷射，以防腐蚀品飞溅，应用水柱向高空喷射形成雾状覆盖火区；对遇水发生剧烈反应，能燃烧、爆炸或放出有毒气体的货物，不得用水扑救；着火货物是强酸时，应尽可能抢出货物，以防止高温爆炸、酸液飞溅；无法抢出货物时，可用大量水降低容器温度。

5.8.2.3 扑救易散发腐蚀性蒸气或有毒气体的货物时，应穿戴防毒面具和相应的防护用品。扑救人员应站在上风处施救。如果被腐蚀物品灼伤，应立即用流动自来水或清水冲洗创面 15min ~ 30min，之后送医院救治。

5.8.3 装卸

5.8.3.1 装卸作业前应穿戴具有防腐蚀的防护用品，并戴带有面罩的安全帽。对易散发有毒蒸气或烟雾的，应配备防毒面具。并认真检查包装、封口是否完好，要严防渗漏，特别要防止内包装破损。

5.8.3.2 装卸作业时，应轻装、轻卸，防止容器受损。液体腐蚀品不得肩扛、背负；忌震动、摩擦；易碎容器包装的货物，不得拖拉、翻滚、撞击；外包装没有封盖的组合包装件不得堆码装运。

5.8.3.3　具有氧化性的腐蚀品不得接触可燃物和还原剂。

5.8.3.4　有机腐蚀品严禁接触明火、高温或氧化剂。

5.8.3.5　配装时应做到：

a）　特别注意：腐蚀品不得与普通货物配装；

b）　酸性腐蚀品不得与碱性腐蚀品配装；

c）　有机酸性腐蚀品不得与有氧化性的无机酸性腐蚀品配装；

d）　浓硫酸不得与任何其他物质配装。

5.9　杂类

杂类危险货物汽车运输，应按货物特性采取相应措施。

6　散装货物运输、装卸要求

6.1　散装固体

6.1.1　运输散装固体车辆的车厢应采取衬垫措施，防止撒漏；应带好装卸工、属具和苫布。

6.1.2　易撒漏、飞扬的散装粉状危险货物，装车后应用苫布遮盖严密，必要时应捆扎结实，防止飞扬，包装良好方可装运。

6.1.3　行车中尽量防止货物窜动、甩出车厢。

6.1.4　高温季节，散装煤焦沥青应在早晚时段进行装卸。

6.1.5　装卸硝酸铵时，环境温度不得超过40℃，否则应停止作业。装卸现场应保持足够的水源以降温和应急。

6.1.6　装卸会散发有害气体、粉尘或致病微生物的散装固体，应注意人身保护并采取必要的预防措施。

6.2　散装液体

6.2.1　运输易燃液体的罐车应有阻火器和呼吸阀，应配备导除静电装置；排气管应安装熄灭火星装置；罐体内应设置防波挡板，以减少液体震荡产生静电。

6.2.2　装卸作业可采用泵送或自流灌装。

6.2.3　作业环境温度要适应该液体的储存和运输安全的理化性质要求。

6.2.4　作业中要密切注视货物动态，防止液体泄漏、溢出。需要换罐时，应先开空罐，后关满罐。

6.2.5　易燃液体装卸始末，管道内流速不得超过1m/s，正常作业流速不宜超过3m/s。其他液体产品可采用经济流速。

6.2.6　装卸料管应专管专用。

6.2.7　装卸作业结束后，应将装卸管道内剩余的液体清扫干净；可采用泵吸或氮气清扫易燃液体装卸管道。

6.3　散装气体

6.3.1　出车前

6.3.1.1　根据所装危险货物的性质选择罐体。与罐壳材料、垫圈、装卸设备及任何防护衬料接触可能发生反应而形成危险产物,或明显减损材料强度的货物,不得充灌。

6.3.1.2　装卸前应对罐体进行检查,罐体应符合下列要求:

a)　罐体无渗漏现象;

b)　罐体内应无与待装货物性质相抵触的残留物;

c)　阀门应能关紧,且无渗漏现象;

d)　罐体与车身应紧固,罐体盖应严密;

e)　装卸料导管状况应良好无渗漏;

f)　装运易燃易爆的货物,导除静电装置应良好;

g)　罐体改装其他液体时,应经过清洗和安全处理,检验合格后方可使用。清洗罐体的污水经处理后,按指定地点排放。

6.3.2　运输

6.3.2.1　在运输过程中罐体应采取防护措施,防止罐体受到横向、纵向的碰撞及翻倒时导致罐壳及其装卸设备损坏。

6.3.2.2　化学性质不稳定的物质,需采取必要的措施后方可运输,以防止运输途中发生危险性的分解、化学变化或聚合反应。

6.3.2.3　运输过程中,罐壳(不包括开口及其封闭装置)或隔热层外表面的温度不应超过70℃。

6.3.3　装卸

6.3.3.1　装卸作业现场应通风良好。装卸人员应站在上风处作业。

6.3.3.2　装卸前要联好防静电装置。易燃易爆品的装卸工具要有防止产生火花的性能。装卸时应轻开、轻关孔盖,密切注视进出料情况,防止溢出。

6.3.3.3　装料时,认真核对货物品名后按车辆核定吨位装载,并应按规定留有膨胀余位,严禁超载。装料后,关紧罐体进料口,将导管中的残留液体或残留气体排放到指定地点。

6.3.3.4　卸料时,储罐所标货名应与所卸货物相符;卸料导管应支撑固定,保证卸料导管与阀门的连接牢固;要逐渐缓慢开启阀门。

6.3.3.5　卸料时,装卸人员不得擅离操作岗位。卸料后应收好卸料导管、支撑架及防静电设施等。

6.4　液化气体

此条款的液化气体是指第5.2条"压缩气体和液化气体"中的液化气体。

6.4.1　一般规定

6.4.1.1　车辆进入储罐区前,应停车提起导除静电装置;进入充灌车位后,再接好导除静电装置。

6.4.1.2　灌装前,应对罐体阀门和附件(安全阀、压力计、液位计、温度计)以及冷却、喷淋设施的灵敏度和可靠性进行检查,并确认罐体内有规定的余压;如无余压的,经检验合格后方可充灌。

6.4.1.3　严格按规定控制灌装量,做好灌装量复核、记录,严禁超量、超温、超压。

6.4.1.4　发生下列异常情况时,一律不准灌装,操作人员应立即采取紧急措施,并及时报告有关部门:

a） 容器工作压力、介质温度或壁温超过许可值，采取各种措施仍不能使之下降；

b） 容器的主要受压元件发生裂缝、鼓包、变形、泄漏等缺陷而危及安全；

c） 安全附件失效、接管端断裂或紧固件损坏，难以保证运输安全；

d） 雷雨天气，充装现场不具备避雷电作用；

e） 充装易燃易爆气体时，充装现场附近发生火灾。

6.4.1.5 禁止用直接加热罐体的方法卸液。卸液后，罐体内应留有规定的余压。

6.4.1.6 运输过程中应严密注视车内压力表的工作情况，发现异常，应立即停车检查；排除故障后方可继续运行。

6.4.2 非冷冻液化气体

6.4.2.1 非冷冻液化气体的单位体积最大质量（kg/L）不得超过50℃时该液化气体密度的0.95倍；罐体在60℃时不得充满液化气体。

6.4.2.2 装载后的罐体不得超过最大允许总重，并且不得超过所运各种气体的最大允许载重。

6.4.2.3 罐体在下列情况下不得交付运输：

a） 罐体处于不足量状态，由于罐体压力骤增可能产生不可承受的压力；

b） 罐体渗漏时；

c） 罐体的损坏程度已影响到罐体的总体及其起吊或紧固设备；

d） 罐体的操作设备未经过检验，不清楚是否处于良好的工作状态。

6.4.3 冷冻液化气体

6.4.3.1 不可使用保温效果变差的罐体。

6.4.3.2 充灌度应不超过92%，且不得超重。

6.4.3.3 装卸作业时，装卸人员应穿戴防冻伤的防护用品（如，防冻手套），并戴带有面罩的安全帽。

6.5 有机过氧化物（第5.5条）和易燃固体（第5.4条）中的自反应物质

此条款适用于运输自行加速分解温度（SADT）为55℃或以上的有机过氧化物和易燃固体项中的自反应物质。

6.5.1 罐体应配置感温装置。

6.5.2 罐体应有泄压安全装置和应急释放装置。在达到由有机过氧化物的性质和罐体的结构特点所确定的压力时，泄压安全装置就应启动。罐壳上不允许有易熔化的元件。

6.5.3 罐体的表面应采用白色或明亮的金属。罐体应有遮阳板隔热或保护。如果罐体中所运物质的自行加速分解温度（SADT）为55℃或以下，或者罐体为铝质的，罐体则应完全隔热。

6.5.4 环境温度为15℃时，充灌度不得超过90%。

6.6 放射性物质

6.6.1 运输放射性物质的可移动罐体不得用于装运其他货物。

6.6.2 运输放射性物质的可移动罐体的充灌度不得超90%或代以经主管机关批准的其他数值。

6.7 腐蚀品

6.7.1 运输腐蚀品的罐体材料和附属设施应具有防腐性能。

6.7.2 运输腐蚀品的罐车应专车专运。

6.7.3 装卸操作时应注意:

a) 作业时,装卸人员应站在上风处;

b) 出车前或灌装前,应检查卸料阀门是否关闭,防止上放下漏;

c) 卸货前,应让收货人确认卸货储槽无误,防止放错储槽引发货物化学反应而酿成事故;

d) 灌装和卸货后,应将进料口盖严盖紧,防止行驶中车辆的晃动导致腐蚀品溅出;

e) 卸料时,应保证导管与阀门的连接牢固后,逐渐缓慢开启阀门。

7 集装箱货物运输、装卸要求

7.1 装箱作业前,应检查所用集装箱,确认集装箱技术状态良好并清扫干净,去除无关标志、标记和标牌。

7.2 装箱作业前,应检查集装箱内有无与待装危险货物性质相抵触的残留物。发现问题,应及时通知发货人进行处理。

7.3 装箱作业前,应检查待装的包装件。破损、撒漏、水湿及沾污其他污染物的包装件不得装箱,对撒漏破损件及清扫的撒漏物交由发货人处理。

7.4 不准将性质相抵触、灭火方法不同或易污染的危险货物装在同一集装箱内。如符合配装规定而与其他货物配装时,危险货物应装在箱门附近。包装件在集装箱内应有足够的支撑和固定。

7.5 装箱作业时,应根据装载要求装箱,防止集重和偏重。

7.6 装箱完毕,关闭、封锁箱门,并按要求粘贴好与箱内危险货物性质相一致的危险货物标志、标牌。

7.7 熏蒸中的集装箱,应标贴有熏蒸警告符号。当固体二氧化碳(干冰)用作冷却目的时,集装箱外部门端明显处应贴有指示标记或标志,并标明"内有危险的二氧化碳(干冰),进入之前务必彻底通风!"字样。

7.8 集装箱内装有易产生毒害气体或易燃气体的货物时,卸货时应先打开箱门,进行足够的通风后方可装卸作业。

7.9 对卸空危险货物的集装箱要进行安全处理;有污染的集装箱,要在指定地点、按规定要求进行清扫或清洗。

7.10 装过毒害品、感染性物品、放射性物品的集装箱在清扫或清洗前,应开箱通风。进行清扫或清洗的工作人员应穿戴适用的防护用品。洗箱污水在未作处理之前,禁止排放。经处理过的污水,应符合 GB 8978 的排放标准。

8 部分常见大宗危险货物运输、装卸要求

8.1 液化石油气

此条款是指汽车罐车运输液化石油气。

8.1.1 **运输**

8.1.1.1 运输液化石油气罐车应按当地公安部门规定的路线、时间和车速行驶,不准带拖

挂车，不得携带其他易燃、易爆危险物品。罐体内温度达到40℃时，应采取遮阳或罐外冷水降温措施。

8.1.1.2　运输过程中，液化石油气罐车若发生大量泄漏时，应切断一切火源，戴好防护面具与手套；同时应立即采取防火、灭火措施，关闭阀门制止渗漏，并用雾状水保护关闭阀门的人员；设立警戒区，组织人员向逆风方向疏散。一般不得起动车辆。

8.1.2　装卸

8.1.2.1　作业前应接好安全地线，管道和管接头连接应牢固，并排尽空气。

8.1.2.2　装卸人员应相对稳定。作业时，驾驶人员、装卸人员均不得离开现场。在正常装卸时，不得随意起动车辆。

8.1.2.3　新罐车或检修后、首次充装的罐车，充装前应作抽真空或充氮置换处理，严禁直接充装。

8.1.2.4　液化石油气罐车充装时须用地磅、液面计、流量计或其他计量装置进行计量，严禁超装。罐车的充装量不得超过设计所允许的最大充装量。

8.1.2.5　充装完毕，应复检重量或液位，并应认真填写充装记录。若有超装，应立即处理。

8.1.2.6　液化石油气罐车抵达厂（站）后，应及时卸货。罐车不得兼作储罐用。一般情况不得从罐车直接向钢瓶直接灌装；如临时确需从罐车直接灌瓶，现场应符合安全防火、灭火要求，并有相应的安全措施，且应预先取得当地公安消防部门的同意。

8.1.2.7　禁止采用蒸气直接注入罐车罐内升压，或直接加热罐车罐体的方法卸货。

8.1.2.8　液化石油气罐车卸货后，罐内应留有规定的余压。

8.1.2.9　凡出现下列情况，罐车应立即停止装卸作业，并作妥善处理：

a）　雷击天气；

b）　附近发生火灾；

c）　检测出液化气体泄漏；

d）　液压异常；

e）　其他不安全因素。

8.2　油品

此条款是指用常压燃油罐车运输燃油。

8.2.1　运输

当罐车的罐体内温度达到40℃时，应采取遮阳或罐外冷水降温措施。

8.2.2　装卸

8.2.2.1　在灌油前和放油后，驾驶人员应检查阀门和管盖是否关牢，查看接地线是否接牢，不得敞盖行驶，严禁罐车顶部载物。

8.2.2.2　燃油罐车可采用泵送或自流灌装。

8.2.2.3　罐车进加油站卸油时，要有专人监护，避免无关人员靠近。

8.2.2.4　卸油时发动机应熄火。雷雨天气时，应确认避雷电措施有效，否则应停止卸油作业。

8.2.2.5　卸油时应夹好导静电接线，接好卸油胶管，当确认所卸油品与储油罐所储的油品种类相同时方可缓慢开启卸油阀门。

8.2.2.6　卸油前要检查油罐的存油量，以防止卸油时冒顶跑油。卸油时应严格控制流速，在油品没有淹没进油管口前，油品的流速应控制在 0.7m/s ~ 1m/s 以内，防止产生静电。

8.2.2.7　卸油过程要做到不冒、不洒、不漏，各部分接口牢固，卸油时驾驶人员不得离开现场，应与加油站工作人员共同监视卸油情况，发现问题随时采取措施。

8.2.2.8　卸油时，卸油管应深入罐内。卸油管口至罐底距离不得大于 300mm，以防喷溅产生静电。

8.2.2.9　卸油要尽可能卸净，当加油站工作人员确认罐内已无储油时方可关闭放油阀门，收好放油管，盖严油罐盖。

8.2.2.10　测量油量要在卸完油 30min 以后进行，以防测油尺与油液面、油罐之间静电放电。

附 录 A

（规范性附录）

自行加速分解温度、控制温度和应急温度的关系

自行加速分解温度、控制温度和应急温度的关系见表 A.1。

表 A.1　自行加速分解温度、控制温度和应急温度的关系　　单位为摄氏度

容器类别	自行加速分解温度(SADT)	控制温度	应急温度
单一包装和中型散装容器(IBCs)	<20	比 SADT 低 20	比 SADT 低 10
	20～35	比 SADT 低 15	比 SADT 低 10
	>35	比 SADT 低 10	比 SADT 低 5
可移动罐体	<50	比 SADT 低 20	比 SADT 低 5

三、《气瓶直立道路运输技术要求》(JT/T 773—2010)

气瓶直立道路运输技术要求

1 范围

本标准规定了气瓶直立道路运输的一般要求、运输方式、运输车辆、装卸作业、固定要求、运输技术等。

本标准适用于公称容积小于1000L,用于盛装气体的移动式压力容器,包括散装气瓶、集装格、集装篮等。

2 规范性引用文件

下列文件中的条款通过本标准的引用而成为本标准的条款。凡是注日期的引用文件,其随后所有的修改单(不包括勘误的内容)或修订版均不适用于本标准。然而,鼓励根据本标准达成协议的各方研究是否可使用这些文件的最新版本。凡是不注日期的引用文件,其最新版本适用于本标准。

GB 190　危险货物包装标志
GB 1589　道路车辆外廓尺寸、轴荷及质量限值
GB 5099　钢制无缝气瓶
GB 5100　钢制焊接气瓶
GB 7258　机动车运行安全技术条件
GB 12463　危险货物运输包装通用技术条件
GB 13392　道路运输危险货物车辆标志
GB 18565　营运车辆综合性能要求和检验方法
GB 20300　道路运输爆炸品和剧毒化学品车辆安全技术条件
GB/T 23914.2　道路车辆装载物固定装置　安全性　第2部分:合成纤维栓紧带总成
GB 24159　焊接绝热气瓶
JT/T 198　营运车辆技术等级划分和评定要求
JT 617　汽车运输危险货物规则
JT 618　汽车运输、装卸危险货物作业规程

3 术语和定义

下列术语和定义适用于本标准。

3.1

焊接绝热气瓶　dewar flask

俗称杜瓦瓶,在正常环境温度(-40℃~60℃)下使用,储存介质为液氧、液氮、液氩、二氧化碳和氧化亚氮低温液体,设计温度不低于-196℃,公称容积为10L~550L,工作压力为

0.2MPa～3.5MPa,可重复充装的立式气瓶。

3.2

集装格　cylinder bundle

将固定数目气瓶编组,便于运输和使用的一种框架结构装置。

3.3

集装篮　cylinder pallet

装载多个气瓶,其一侧通常可开放,便于运输的框架结构装置。

3.4

气瓶直立运输　cylinder vertical transportation

在运输过程中,气瓶轴线垂直于车厢底板的运输方式。

4　一般要求

4.1　气瓶直立道路运输应遵守国家颁布的有关法律、法规和标准要求。

4.2　用于直立运输的气瓶应符合 GB 190、GB 5099、GB 5100、GB 12463 的相关规定,焊接绝热气瓶应符合 GB 24159 的相关规定。

5　运输方式

5.1　运输方式分类

气瓶直立道路运输方式分为集装格、集装篮和散装等。

5.2　集装格

5.2.1　集装格框架结构应具有足够的抗拉、抗压强度,侧面栏杆应具有足够的抗冲击能力,在装卸运输过程中不应产生变形。

5.2.2　集装格上部应留有足够空间,以满足气阀尺寸高度和气瓶充装操作要求,且防止车辆在发生颠覆时撞击瓶阀。

5.2.3　集装格尺寸应与编组气瓶尺寸相适应,内装气瓶应固定可靠。

5.2.4　集装格顶部可设用于吊装的吊耳或其他结构,并应具有足以承受最大质量的抗拉强度。在底板下部应有一定高度空间,以保证叉车可安全作业。

5.3　集装篮

5.3.1　集装篮框架结构应具有足够的抗拉、抗压强度,侧面栏杆应具有足够的抗冲击能力,在装卸、运输过程中不应产生变形。

5.3.2　集装篮顶部可设用于吊装的吊耳或其他结构,并应具有足以承受最大质量的抗拉强度。在底板下部应有一定高度空间,以保证叉车可安全作业。

5.3.3　集装篮侧面围板应高于气瓶质心高度,上部不应有干涉瓶阀的突出构件。

5.3.4　集装篮应便于气瓶分解和编组,并设有相应的固定装置。固定、收紧装置不应超出集装篮外廓尺寸,且使气瓶可靠固定。

5.4　散装

5.4.1　单个气瓶可分组捆装并固定在车体内。

5.4.2　焊接绝热气瓶的侧面和顶部不应直接承受外部压力。

5.4.3 焊接绝热气瓶应配装底座和侧面围栏，其侧面施加的压力不应对瓶体功能造成危害。

6 运输车辆

6.1 车辆外廓尺寸、轴荷及质量的限值应符合 GB 1589 的要求。

6.2 车辆安全技术状况应符合 GB 7258 和 GB 20300 的要求。

6.3 运输车辆综合性能应符合 GB 18565 的要求，车辆技术等级应符合 JT/T 198 规定的一级车况标准。

6.4 车辆应配置符合 GB 13392 的标志，并按规定使用，且应配备与所运气体相适应的防护装置。

6.5 运输车辆应具备固定气瓶的相应装置，散装直立气瓶高出栏板部分不应大于气瓶高度的四分之一。

6.6 厢式运输车辆厢体应通风良好，其内应设有便于气瓶捆绑的装置，其结构应具有足够的强度。

6.7 运输车辆可配置举升装置或起重装置，整车基本性能应满足国家相关标准要求。

6.8 运输车辆底板设有固定集装格、集装篮的装置时，固定装置应牢固可靠、操作方便。

7 装卸作业

7.1 装卸作业应遵守 JT 617 和 JT 618 中的相关规定。

7.2 装卸作业场地应平整、地面干净、无污物及杂物等，并具有良好的通风条件，远离包括明火在内的一切热源。

7.3 装卸作业前，车辆停靠后应采取防止车辆溜滑的有效措施。

7.4 人工搬运时，每次只能运送一瓶，较远距离应使用专用移动工具搬运。

7.5 举升装置应有防止散装气瓶倾倒的设施，装卸举升过程应平稳、安全、可靠。

7.6 厢式货车运输散装气瓶时，应堆放于车厢两侧，每组排数不大于 4，个数不大于 18 支，且车厢中间应留足够的搬运通道。

7.7 集装格、集装篮采用叉车、起重装置等进行装卸时，应避免碰撞，最大载质量不应超过额定负荷的 75%。

7.8 焊接绝热气瓶在装卸过程中应避免发生撞击，以防止瓶体变形或气体泄漏。

7.9 散装气瓶或集装格、集装篮应以车辆质心位置为中心均匀装载，且装载后车厢载荷分布应左右对称。一般载荷分布情况见附录 A。

7.10 不同规格的气瓶，在装卸过程中应根据结构形式采取有效的防护措施，保障作业安全。

7.11 不同种类瓶装气体配装均应严格遵守相关标准的技术要求。

7.12 集装格、集装篮在车厢内布置时，不应采用超过一层的堆放方式。

8 固定要求

8.1 气瓶或集装格、集装篮须在运输车辆上采用机械式结构或捆绑带等进行固定。各接触面应紧密牢靠，不应松动。

8.2 气瓶捆绑和固定装置应具有足够的强度和寿命，以防断裂或失效，捆绑带应符合 GB/T 23914.2 的要求。

8.3 置于集装篮内的散装气瓶，应根据不同形式固定牢靠。

8.4 厢式车辆运输散装气瓶时，应根据车厢结构和气瓶编组形式采用捆绑带固定牢靠，其上下固定带数不应少于两条。

8.5 栏板式车辆运输集装格、集装篮的捆绑方式见附录 B，亦可采用车厢底板固定方式。

8.6 不同规格的气瓶装车后，亦应根据气瓶形式和车厢结构，采取有效固定方式。

9 运输要求

9.1 气瓶直立运输应选择合理的行驶路线，注意限高，尽量避免车辆行驶于复杂路段或特殊区域。

9.2 车辆运行过程中，尤其在转弯半径较小的区段，驾驶员应注意控制车速，以防发生侧翻事故。

9.3 车辆在行驶时，应控制合理车速，且保持足够的安全行车间距，尽量避免采取紧急制动。

9.4 车辆不应在人员聚集区、重要机关/学校/医院门口、易燃易爆品仓库或具有明火的场所附近中途停靠。

9.5 气瓶在运输、停放过程中发生泄漏等紧急情况时，应及时采取有效措施，并报告相关部门。

附 录 A
(资料性附录)
载荷分布情况示意图

载荷分布情况参见图 A.1 ~ 图 A.3。

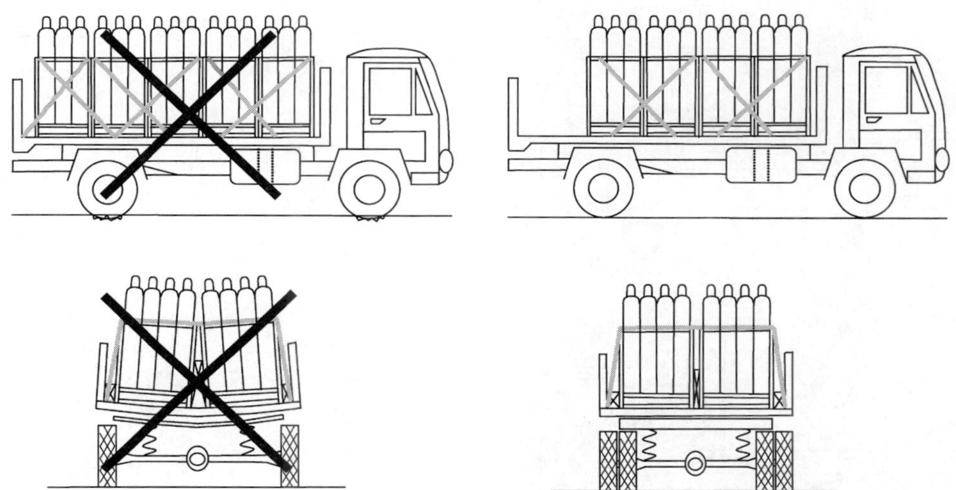

图 A.1 禁止超载、超限

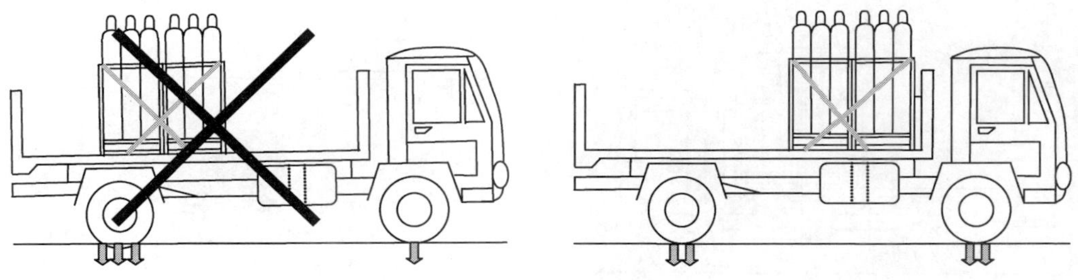

图 A.2 载荷分布均匀

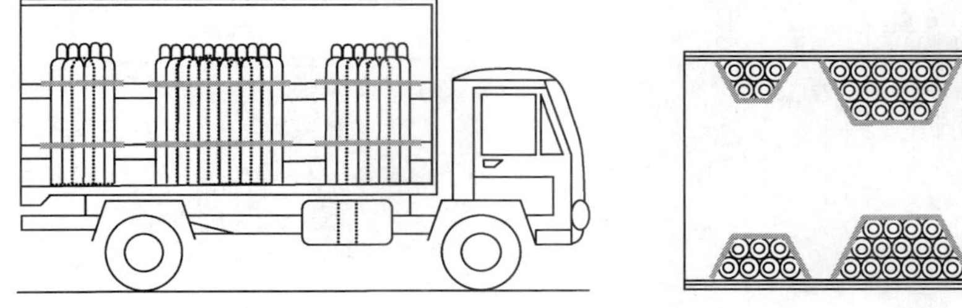

图 A.3 载荷对称分布

附 录 B

（资料性附录）

栏板式运输车辆捆绑方式示意图

栏板式运输车辆捆绑方式参见图 B.1～图 B.8。

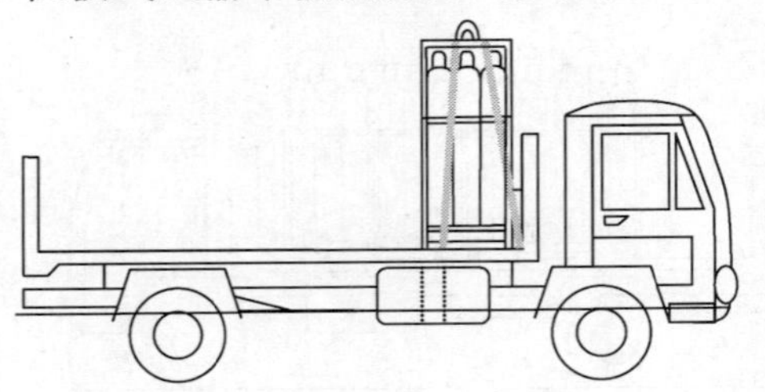
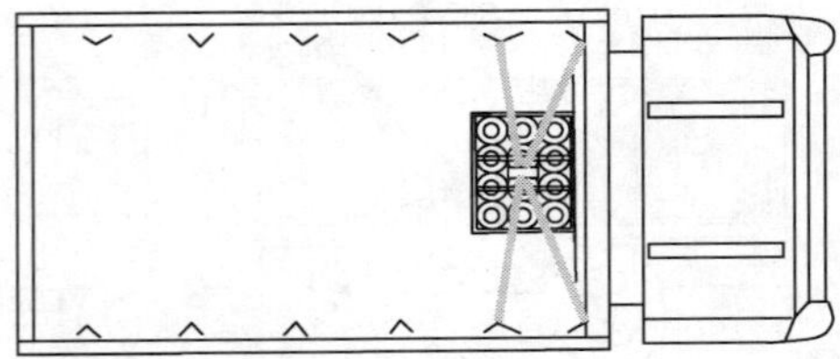

图 B.1　一个集装格的捆绑方式

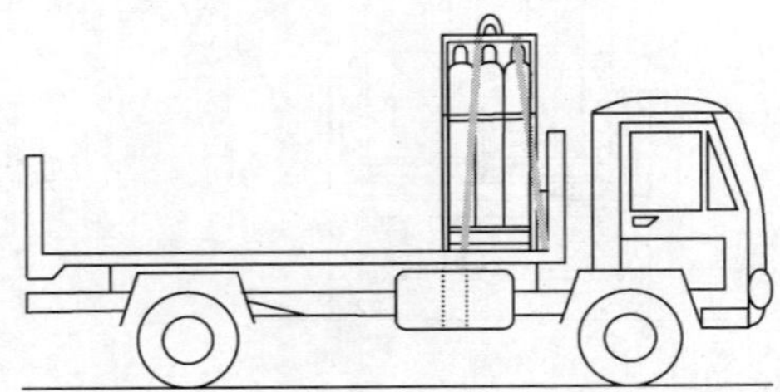
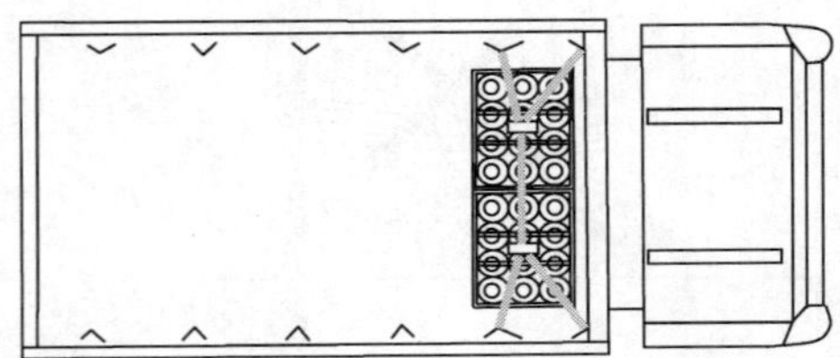

图 B.2　两个集装格的捆绑方式

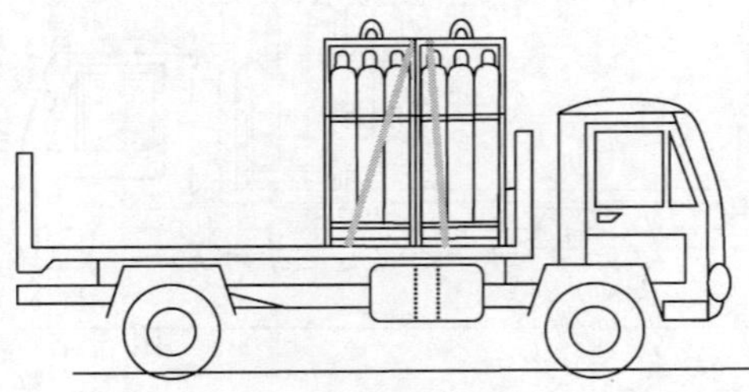
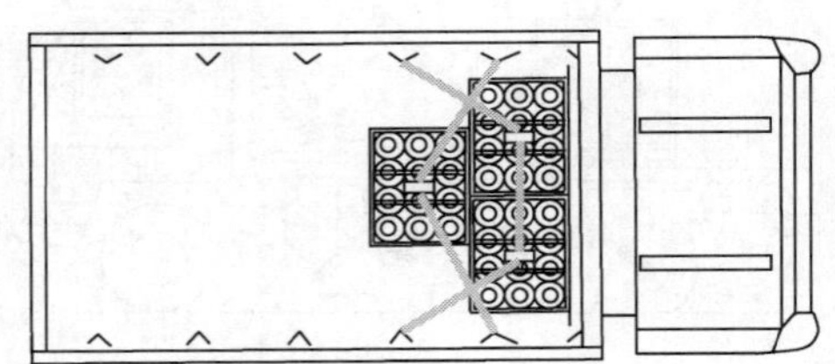

图 B.3　三个集装格的捆绑方式

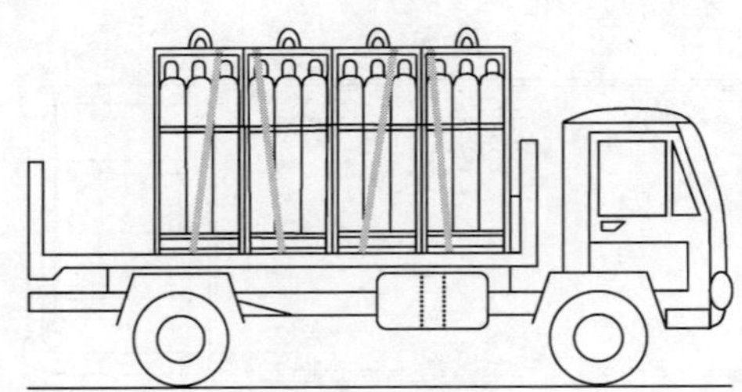
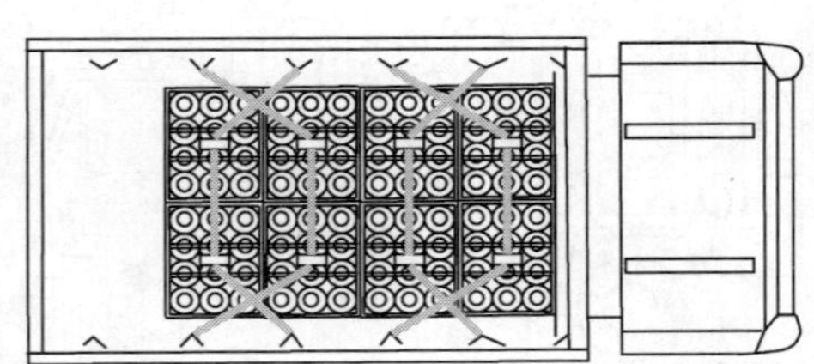

图 B.4　八个集装格的捆绑方式

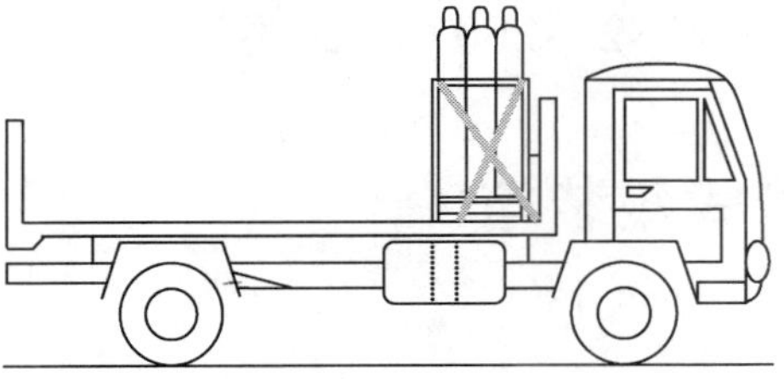
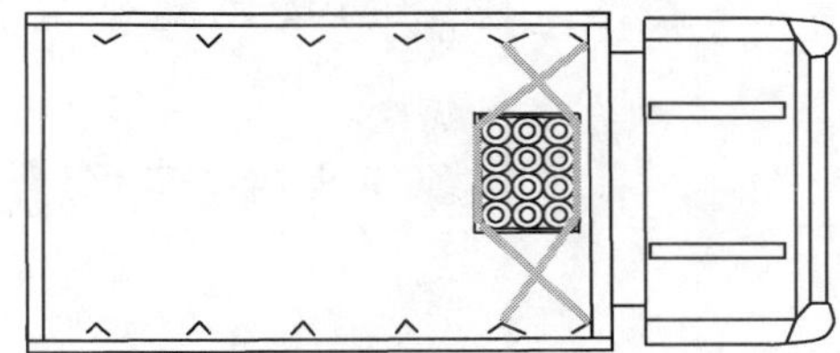

图 B.5　一个集装篮的捆绑方式

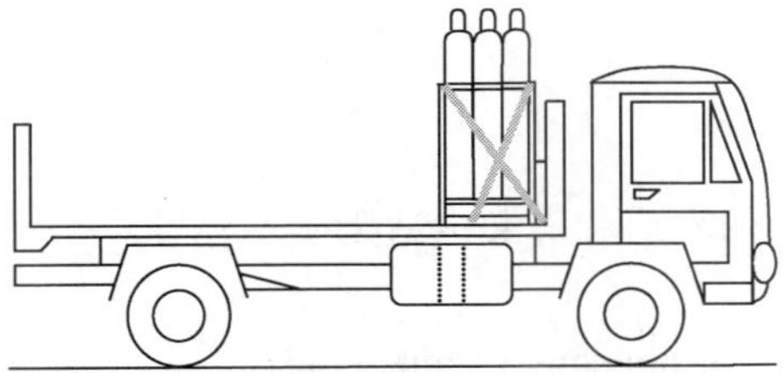
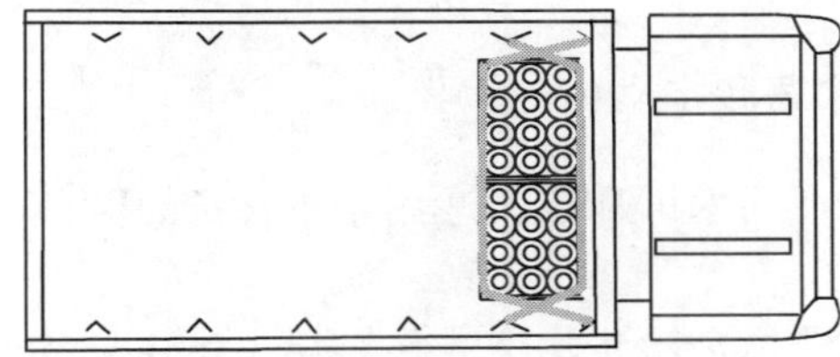

图 B.6　两个集装篮的捆绑方式

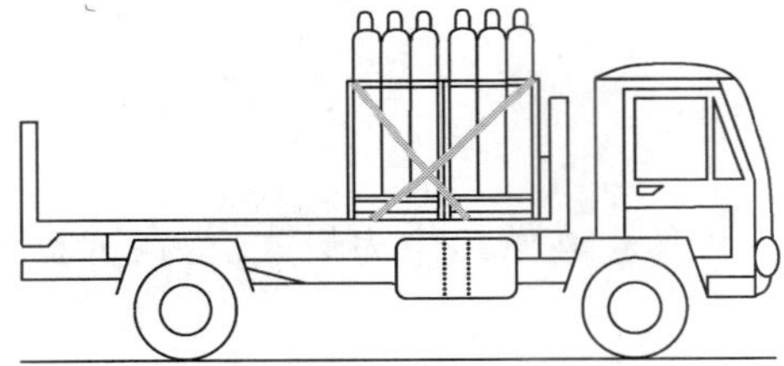
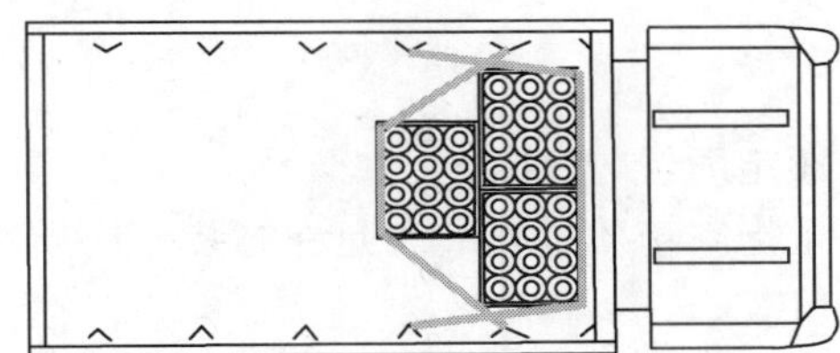

图 B.7　三个集装篮的捆绑方式

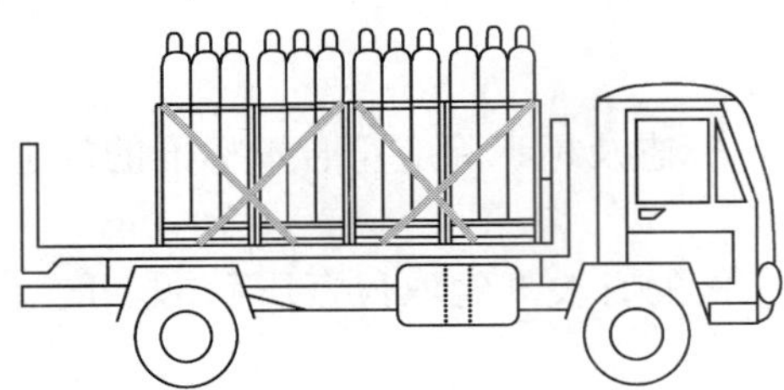
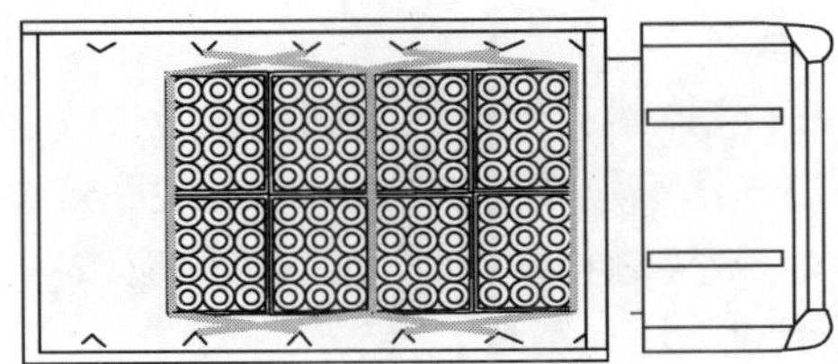

图 B.8　八个集装篮的捆绑方式

四、《液体危险货物罐式集装箱》(JB/T 4782—2007)(选编)

液体危险货物罐式集装箱

1　范围(略)

2　规范性引用文件(略)

3　术语和定义(选编)

下列术语和定义适用于本标准,JB/ 4735 确立的术语和定义也适用于本标准。

3.1

液体危险货物罐式集装箱　tank container for dangerous liquid goods

系指由两个基本部分即单个罐体或多个罐体以及框架组成的用于装运液体危险货物的移动式容器。

……

3.9

额定质量　rating

系指空箱质量与最大允许充装介质质量之和。该质量在营运中为最大值,在试验时为最小值。

……

4　总论(选编)

4.1　总则

4.1.1　液体罐箱的设计、制造、试验方法、检验规则、标志及标识除应符合本标准的规定外,还需遵守国家颁布的有关法令、法规和规章。

4.1.2　液体罐箱的设计、制造单位应按国家相关条例的有关规定取得资质后,方可进行液体罐箱的设计和制造。

4.1.3　液体罐箱应按 GB/T 16563 和 ISO1496 - 3 进行样箱型式试验,且第三方检验机构应按《国际集装箱安全公约》的要求,对设计、制造单位资质的符合性进行核查并出具样箱认可证书。

……

5　材料及外购件(略)

6　设计(略)

7　制造(略)

8 试验方法(略)

9 检验规则(略)

10 涂装

罐体的涂装及外观质量应符合 JB/T 4711 的规定,且应满足如下要求:

a) 所有外露碳素钢或低合金钢表面均应进行除锈处理,除锈后钢材表面的清洁度等级至少为 GB/T 8923 中的 Sa2.5 级或 St2 级;

b) 液体罐箱的底漆、面漆、漆膜厚度以及液体灌箱各部分的颜色要求应按设计图样规定;

c) 所涂油漆应色泽鲜明、分界整齐,无皱皮、脱漆、污痕等。

11 标志与标识

11.1 一般规定

11.1.1 液体罐箱的标记应字迹工整,牢固耐久,清晰易见,且不同于箱体的颜色。

11.1.2 液体罐箱的代码、识别和标记应符合 GB/T 1836 的规定。

11.1.3 液体罐箱的安全标志及使用应符合 GB 2894、GB 16179 的规定。

11.1.4 液体罐箱的标志、铭牌、标贴等标识应满足有关主管机关制定的国际和国内运输规章的规定。

11.1.5 液体罐箱的总质量和空箱质量的标记字体高度应不小于 50mm,箱主代码、设备识别号、箱号和核对数字的字体均应不小于 100mm。

11.2 标记内容

11.2.1 液体罐箱应有下列标记内容:

a) 箱主代号、箱号及核对数字;

b) 尺寸类型代号;

c) 箱主和制造厂铭牌,制造厂铭牌的内容至少应包括下列内容:

——产品型号名称;

——产品系列号;

——UN 罐箱导则;

——执行标准;

——制造国名;

——批准国名;

——设计批准的授权机构;

——批准号;

——罐箱设计采用的规范;

——外部设计压力;

——20℃时水容量;

——每个罐室20℃时水容量；
——初始压力/试验日期和证明人（受权机构）标识；
——加热/冷却系统的最大允许工作压力（如有时）；
——制造厂名或标记；
——授权的船检机构检验标记；
——产品编号；
——设备编号；
——制造日期；
——设计压力；
——设计温度；
——最高工作压力；
——耐压试验压力；
——安全阀开启压力、爆破片爆破压力；
——安全泄放装置排放能力；
——装载介质；
——容积；
——首次耐压试验日期及识别证明；
——罐体材料及材料标准；
——罐体等效标准钢厚度；
——内衬材料（如有时）；
——最近一次定期检验的日期（年、日）和试验压力；
——最近一次试验的授权机构和授权检验师的印戳；
——国际集装箱安全公约（CSC）安全合格牌照。

d） 介质名称、联合国编号以及安全标志。

11.2.2 液体罐箱应有通用永久标记，至少包括下列内容：

a） 首次耐压试验日期：____年____月；
b） 试验压力，MPa；
c） 设计压力，MPa；
d） 内部容积（20℃时水容量），m^3；
e） 下次进行耐压试验日期：____年____月。

11.2.3 当需标记液体罐箱的净载质量时，应在额定质量和箱体质量的标记之后标记允许的净载质量。

11.2.4 海关牌照、国际铁路联盟（UIC）标记应符合中华人民共和国海关和国际铁路联盟集装箱规范的有关规定。

11.2.5 装有登顶扶梯的液体罐箱应在扶梯附近标打箱顶防电击警示标记。警示标记的图形应符合图8的规定，为黄底上黑字，周边是黑框。闪电箭头的高度至少为175mm。在黑边框外沿之间测得的警示标记尺寸，应不小于230mm。

11.2.6 高度超过2.6m的液体罐箱高度标记应设有两个高度标示符，高度标示符图形应符合图9的规定,其位置距箱顶1.2m,距右端0.6m以内,也可以直接设在箱体下方。高度标示符采用黄底黑字,周边是黑框。上部的高度数字以m为单位,精确到小数点后一位,此值应不低于箱体的实际高度。下部英制尺寸按英寸取整,但不低于箱体的实际高度。此标示符黑框外缘测得的尺寸不应小于155mm×115mm,其上的数字应尽可能大,字迹清晰。

图8　警示标示符示意图

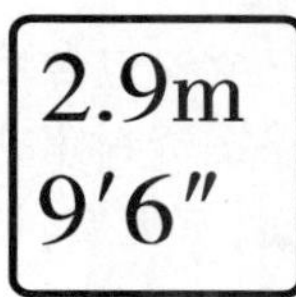

图9　高度标示符示意图

12　出厂文件

12.1　液体罐箱出厂时,制造单位至少应向用户提供下列技术文件和资料:

a)　产品设计单位、制造单位资格证书;

b)　产品质量证明书;

c)　产品竣工图;

d)　产品使用说明书(按照用户要求);

e)　产品合格证;

f)　罐体产品安全性能监督检验证书(仅限属于1.2.2范围的液体罐箱);

g)　罐体安全附件质量证明书;

h)　第三方检验机构出具产品证书(正本)。

12.2　罐体产品质量证明书应至少包含下列内容:

a)　外观及几何尺寸检查报告;

b)　材质证明报告;

c)　无损检测报告;

d)　热处理报告(如果有);

e)　耐压试验报告;

f)　气密性试验报告。

12.3　除应符合GB 9969.1的规定外,液体罐箱产品使用说明书还应至少包含下列内容:

a)　主要技术性能参数;

b)　罐体结构与管路图,至少应包括安全附件、阀件和仪表的型号和说明;

c)　使用说明书,至少应有操作规程、最大允许充装量的控制要求、道路运输车辆的要求;

d)　使用注意事项,至少应包括装卸料和装运过程中的注意事项;

e)　维护和保养要求;

f)　常见故障的排除方法;

g)　备品和备件清单。

13　定期检验

13.1　液体罐箱的定期检验由第三方机构对检验结果的符合性、正确性负责。

13.2　属于1.2.2范围的液体罐箱，其定期检验还应满足《压力容器安全技术监察规程》的要求。

13.3　罐体的定期检验应至少包含下列内容；

a）　罐体质量技术档案资料审查；

b）　检查罐体外表面，有无腐蚀、磨损、凹陷、变形、泄漏及其他可能影响运输安全性的问题；

c）　罐体壁厚检测；

d）　检查管路、阀门、装卸软管、垫圈等，有无腐蚀、泄漏等影响装卸及运输安全的问题；

e）　必要时进行焊接接头的无损检测；

f）　罐体安全附件及承压件的检查；

g）　检查内部自动关闭装置，不应出现腐蚀变形及其他可能影响正常使用的缺陷；遥控关闭装置应能正常使用；

h）　罐体表面漆色、铭牌和标志检查。

五、《危险货物道路运输企业运输事故应急预案编制要求》(JT/T 911—2014)

危险货物道路运输企业运输事故应急预案编制要求

1 范围

本标准规定了危险货物道路运输企业运输事故应急预案的编制步骤、预案内容以及文本格式与要求。

本标准适用于指导危险货物道路运输企业编制危险货物运输过程中事故应急预案。

2 术语和定义

下列术语和定义适用于本文件。

2.1

事故 transport accidents

危险货物道路运输过程中,突然发生的,造成或者可能造成社会危害,需要采取应急处置措施予以应对的紧急事故。如道路交通事故,运输车辆着火燃烧,车载危险货物发生泄漏、燃烧、爆炸等事故。

2.2

事故等级 transport accidents classification

根据事故的社会危害程度和影响范围等因素,将其划分成的四个等级:特别重大事故(Ⅰ级)、重大事故(Ⅱ级)、较大事故(Ⅲ级)、一般事故(Ⅳ级)。

2.3

危险因素 risk factor

引起事故的主要影响因素,包括危险货物运输驾驶员、危险货物及包装、运输车辆及安全设备、道路条件、交通状况、沿途的地质环境和恶劣天气。

2.4

应急预案 emergency plan

针对可能发生的事故,为保证迅速、有序、有效地开展应急与救援行动,消除或减少事故危害、降低事故造成的损失而预先制定的行动计划或方案。

2.5

应急响应 emergency response

依据事故等级,为迅速、有序地开展应急行动而预先进行的组织、物资准备和应急处置工作部署。

2.6

应急处置 emergency disposal

事故发生后,为消除、减少事故危害,防止事故扩大或恶化,最大限度地降低事故造成的损失或危害而采取的救援措施和行动。

2.7

应急资源　emergency resource

应急装备、物资、储备的运力和应急救援队伍等。

3　编制步骤

3.1　编制准备

3.1.1　成立由管理人员、专业人员组成的应急预案编制小组，指定负责人。

3.1.2　制定应急预案编制计划，至少应包括以下内容：

a）评估应急预案编制必要性；

b）明确编制人员职责；

c）确定工作方案、进度；

d）制定应急预案编制计划。

3.1.3　收集、调查应急预案编制所需的各种资料，至少应包括以下内容：

a）相关法律法规和技术标准；

b）国内外同行业事故案例分析；

c）车辆技术档案，车辆和从业人员事故违章处理记录；

d）运输线路及沿线的地质环境、交通状况等。

3.1.4　依据附录A制定事故及其灾害后果预测表。

3.1.5　分析本企业和托运人的应急资源。

3.2　应急预案编制

根据本标准给定的应急预案内容要求，编制应急预案。编制过程中做到责任分明、科学适用、便于操作，并注重与生产单位和托运人的合作。

3.3　应急预案评审和上报

应急预案编写完后，可组织有关人员、机构和专家进行评审。评审通过后，按规定备案，并经企业主要负责人签署发布。

3.4　应急预案更新

有下列情形之一的，应当进行更新：

a）原则上每两年组织修订、完善应急预案；

b）应急预案依据的法规、标准发生变化，或者出台新的相关法规和标准；

c）应急预案涉及的要素发生变化；

d）应急演练结束后、企业发生事故应急行动结束后取得经验。

4　预案内容

4.1　企业概况

企业基本情况，至少应包括以下内容：

a）企业地址；

b）从业人数；

c）运输车辆车型、罐车罐体材质；

d) 主要运输危险货物联合国编号(UN 编号)、品名、运量、起始地、目的地、行驶路线图等;

e) 企业应急资源。

4.2 应急救援组织设置

设置应急救援组织,至少包括应急领导组、技术指导组和现场工作组,明确各组职责。

4.3 事故及其灾害后果预测

依据附录 A 确定可能引起的事故,预测灾害后果,形成事故及其灾害后果预测表,示例参见附录 B。

4.4 驾驶人员和押运人员应急处置

4.4.1 停车处置,至少应明确以下内容:

a) 立即停车,明确停车后将发动机熄火并切断所有电源的规定;对于无法立即停车的,明确移动后停车的条件,以及停车位置的要求;

b) 撤离驾驶室时需要携带安全卡等重要资料清单。

4.4.2 事故发生时的信息报告,至少应明确以下方面:

a) 事故发生地报警电话;

b) 事故发生地交通运输主管部门、本企业 24h 有效的联络方式、手段;

c) 事故信息报告的流程和时限;

d) 事故信息报告的内容和方式。

4.4.3 事故信息报告的内容,至少应包括以下部分:

a) 报告人姓名、联系方式;

b) 发生的事故及部位;

c) 发生时间、具体地点(如,×××公路×××km 处)、行驶方向;

d) 车辆牌照、荷载吨位、车辆类型、罐车罐体容积,当前状况;

e) UN 编号、危险货物品名和数量,当前状况;

f) 人员伤亡及危害情况;

g) 已采取或拟采取的应急处置措施。

4.4.4 现场处置,针对灾害后果预测表中事故和灾害后果,至少应明确以下内容:

a) 个体防护措施;

b) 初期应急处置措施;

c) 放置警告标志、设置警戒、协助疏散人员方案;

d) 现场保护方案;

e) 配合政府部门开展应急救援的要求。

4.5 企业应急处置

4.5.1 信息报送与通信联络,至少应明确以下内容:

a) 当地安全生产监督管理部门、环境保护、公安、卫生主管部门有效的联络方式和手段;

b) 本企业和托运人 24h 有效的应急通信联络方式;

c) 事故信息接收和通报程序、内容和时限。

4.5.2 响应分级

依据事故等级，确定应急响应级别。

4.5.3 应急响应和行动

依据应急响应级别，至少应明确以下内容：

a） 应急指挥；

b） 分析、评估事态及发展；

c） 对现场应急处置的技术指导；

d） 应急资源调配；

e） 接受主管部门的组织、调度和指挥，协助应急救援；

f） 扩大应急。

4.5.4 应急结束，至少应明确以下内容：

a） 应急终止条件；

b） 事故情况上报事项；

c） 需向事故调查处理小组移交的相关事项。

4.6 信息发布

明确事故信息发布的条件、部门、范围和内容等。

4.7 后期处置

恢复和重建等后期处置措施，至少应明确以下内容：

a） 污染物处理；

b） 受伤人员处理；

c） 事故后果影响消除和生产运输秩序恢复；

d） 善后赔偿；

e） 事故经过、原因和应急处置工作经验教训报告；

f） 应急预案的更新。

4.8 应急保障

至少应明确以下内容：

a） 与应急工作相关联的单位或人员通信联系方式和方法，并提供备用方案；

b） 本企业和托运人的应急救援队伍；

c） 应急装备、物资和储备运力，主要包括名称、型号、数量、性能、存放地点、管理者及其通信联系方式等；

d） 应急专项经费，主要包括来源、使用范围、额度和监督管理措施；

e） 其他相关保障，如运输保障、治安保障、技术保障、医疗保障、后勤保障等。

4.9 应急培训和演练

4.9.1 应急培训，至少应明确以下内容：

a） 培训对象；

b） 培训内容；

c） 培训方式；

d） 培训频率和时间。

4.9.2 应急演练,至少应明确以下内容:

a) 演练目标、内容、规模;

b) 参加演练的部门及人员;

c) 演练频次;

d) 评估、总结。

4.10 附件

应急预案相关附件,主要包括以下内容:

a) 危险货物安全技术说明书;

b) 相关部门和单位通信录;

c) 本企业应急通信录;

d) 应急装备、物资和储备运力的名称、型号、存放地点、管理者及其通信联系方式;

e) 信息接收、处理、上报等规范化格式文本;

f) 事故及其灾害后果预测表;

g) 本企业与周边应急救援队伍签订的协议。

5 格式和要求

5.1 格式

应急预案文本格式应包括如下内容:

a) 封面:应急预案名称、编号、版本号、企业名称、实施日期、签发人、公章;

b) 目录;

c) 前言:应急预案在企业应急预案体系中地位和作用、编制目的、依据、适用范围;

d) 应急预案:主要章、条及内容,见4.1~4.9;

e) 附件。

5.2 字号及装订基本要求

应急预案编排格式应符合:

a) 封面应急预案标题采用黑体3号字,其他采用黑体4号字;

b) 文中章、条的编号及标题采用黑体4号字;

c) 正文内容采用宋体4号字;

d) 应急预案文本应打印后装订成册。

附　录　A
（规范性附录）
事故及其灾害后果预测

事故及其灾害后果预测见表 A.1。

表 A.1　事故及其灾害后果预测

危险因素		发生危险场所或路段	时间段	可能引起的事故	灾害后果
驾驶员	身体状况不良				
	操作失误				
危险货物	理化性质不稳定				
包装及罐体容器	包装引发相关问题				
	罐体自身缺陷引起罐体破损				
	阀门泄漏				
运输车辆及安全设备	安全附件失效				
	爆胎				
	制动不良				
	底盘故障				
道路条件	路面平整度差				
	连续下坡				
	陡坡、急弯				
	有限高				
	道路线形不合理				
交通状况	交通混行秩序差、车流量大				
	行驶过程中车辆事故				

续上表

危险因素		发生危险场所或路段	时间段	可能引起的事故	灾害后果
沿途地质环境	山体突出				
	山体滑坡、崩塌				
	洪水、泥石流				
恶劣天气	暴雨				
	高温				
	大雪				
	大雾或严重雾霾				

附 录 B

（资料性附录）

事故及其灾害后果预测范本示例

液氯罐车事故及其灾害后果预测见表B.1。氯气浓度对人体产生的效应见表B.2。

表B.1 液氯罐车事故及其灾害后果预测

<table>
<tr><th colspan="2">危险因素</th><th>发生危险场所或路段</th><th>时间段</th><th>可能引起事故</th><th>灾害后果</th></tr>
<tr><td rowspan="2">包装及罐体容器故障</td><td>罐体自身缺陷引起罐体破损</td><td>×××公路×××km</td><td>××点左右</td><td>液氯介质泄漏</td><td rowspan="4">1.健康危害
（1）侵入途径：吸入；
（2）健康危害：对眼、呼吸道黏膜有刺激作用；
（3）急性中毒；
（4）慢性影响；
（5）液态氯蒸发时要吸收大量的热，接触液氯可引起严重冻伤；
（6）氯气浓度与对人体产生的效应见表B.2。
2.环境危害
对植物、禽兽具有不同程度的破坏作用</td></tr>
<tr><td>阀门泄漏</td><td>×××公路×××km</td><td>××点左右</td><td>液氯介质泄漏</td></tr>
<tr><td>恶劣天气</td><td>高温暴晒</td><td>×××公路×××km</td><td>××点左右</td><td>罐体压力升高，罐体爆炸或安全阀开启，导致液氯介质泄漏</td></tr>
<tr><td>交通状况</td><td>行驶过程中车辆事故</td><td>×××公路×××km</td><td>××点左右</td><td>引发液氯罐车的罐体破损，安全阀、压力表、液位计和装卸阀等损坏，导致液氯介质泄漏</td></tr>
</table>

表B.2 氯气浓度对人体产生的效应

氯气浓度（mg/m^3）	效 应
0.06	闻到气味（可产生一定的耐受性）
90	可致剧咳
120～180	30～60min可引起中毒性肺水肿及肺炎
300	可造成致命损害
3000	危及生命

六、《危险货物道路运输企业安全生产管理制度编写要求》(JT/T 912—2014)

危险货物道路运输企业安全生产管理制度编写要求

1 范围

本标准规定了危险货物道路运输企业安全生产管理制度的编制要求、编制内容、编制步骤、格式及要求。

本标准适用于危险货物道路运输企业安全生产管理制度的编写。使用自备车辆为本单位服务的非经营性危险货物道路运输单位的安全生产管理参照执行。

2 规范性引用文件

下列文件对于本文件的应用是必不可少的。凡是注日期的引用文件,仅注日期的版本适用于本文件。凡是不注日期的引用文件,其最新版本(包括所有修改单)适用于本文件。

JT 618 汽车运输、装卸危险货物作业规程

JT/T 911 危险货物道路运输企业运输事故应急预案编制要求

3 术语和定义

下列术语和定义适用于本文件。

3.1

安全生产管理制度 safety production management system

企业和职工在生产活动中共同遵守的安全行为规范和准则。

3.2

安全设施设备 safety equipments and facilities

企业在生产经营活动中,为将危险、有害因素控制在安全范围内,以及减少、预防和消除危害所配备的装置(设备)和采取的措施。

3.3

安全生产管理台账 safety production management account

反映企业安全生产管理明细情况资料的规范记录。

3.4

劳动防护用品 labor protection articles and health care products

企业为从业人员配备的,使其在劳动过程中免遭或减轻事故伤害及职业危害的个人防护用品,以及为保障劳动者健康安全而发放的物品。

4 编制要求

4.1 应符合国家和行业有关安全生产法律、行政法规及技术标准的要求,遵循“安全第一、预防为主、综合治理”的方针要求。

4.2 企业制定安全生产管理制度应采用“策划、实施、检查、改进”的方式,结合企业自身特点进行编制。

4.3 危险货物道路运输企业应制定安全生产管理制度和安全生产操作规程,安全生产操作规程要求见附录 A。

5 编制内容

5.1 安全生产管理制度

危险货物道路运输企业安全生产管理制度,至少应包括下列内容:

a) 安全生产监督检查制度;
b) 安全生产教育培训制度;
c) 从业人员安全管理制度;
d) 专用车辆安全管理制度;
e) 安全设施设备(停车场)管理制度;
f) 应急救援预案管理制度;
g) 安全生产会议制度;
h) 安全生产考核与奖惩制度;
i) 安全事故报告、统计与处理制度。

5.2 安全生产监督检查制度

5.2.1 企业安全生产监督检查制度,至少应明确下列部分:

a) 适用范围(包括所有与生产经营相关的部门、岗位及从业人员、场所、环境、设备设施和活动等);
b) 实施主体及其职责分工;
c) 监督检查的内容、方法和时间;
d) 隐患的处理程序;
e) 监督检查档案或台账的记录要求;
f) 需明确的其他内容;
g) 附则(包括制定与解释、实施时间等)。

5.2.2 企业安全生产监督检查的内容包括:

a) 安全生产管理机构设置;
b) 各工作岗位职责落实;
c) 安全培训教育情况;
d) 车辆及设备设施安全技术状况;
e) 从业人员操作规程执行情况;
f) 事故隐患整改及应急预案演练;
g) 安全生产台账、档案保存;
h) 安全生产其他内容。

5.2.3 企业对在安全生产监督检查中发现的问题或隐患的处理,应根据实际情况明确下列内容:

a） 隐患整改方案；
b） 组织隐患整改实施；
c） 整改项目的复查验收。

5.2.4 安全生产监督检查档案或台账的记录要求，至少应包括：
a） 检查日期；
b） 检查部位或场所；
c） 发现隐患的数量、类别和具体情况；
d） 整改措施和完成整改时间；
e） 检查现场照片；
f） 负责实施部门或人员及签名等。

5.3 安全生产教育培训制度

5.3.1 企业安全生产教育培训制度，至少应明确以下内容：
a） 适用范围（包括企业各部门员工，以及来企业务工的临时工和实习人员等）；
b） 实施主体及其职责分工；
c） 企业安全教育培训计划；
d） 安全教育培训的形式和内容；
e） 安全教育培训档案或台账的记录要求；
f） 需明确的其他内容；
g） 附则（包括制定与解释、实施时间等）。

5.3.2 企业安全教育培训包括岗前培训和日常培训。培训至少应包括以下内容：
a） 国家危险货物道路运输有关安全法律、法规、规章及标准；
b） 企业安全生产管理制度；
c） 企业常运危险货物的理化特性、职业危害及事故预防措施；
d） 安全设施设备、劳动防护用品（器具）及消防器材的正确使用和维护方法；
e） 员工职业道德教育；
f） 安全生产基本知识和安全行车知识；
g） 典型事故案例的警示教育；
h） 应急处置知识和应急设施与设备操作使用常识；
i） 异常情况紧急处置、事故应急预案、演练要求。

5.3.3 安全教育培训档案或台账的记录要求，至少应包括：
a） 培训时间和地点；
b） 授课人及培训内容；
c） 参加培训人员签名；
d） 考核时间、试卷、答案、成绩及阅卷人；
e） 违章违纪处理情况等。

5.4 从业人员安全管理制度

从业人员管理制度，至少应明确以下内容：
a） 制定依据；

b） 适用范围；
c） 实施主体及职责分工；
d） 招聘内容及要求等；
e） 从业人员信息；
f） 资格证管理程序（包括：申请、审核、办理和备案等）；
g） 参加安全培训教育学习和安全活动记录；
h） 违法、违章、违纪情况；
i） 调离辞退的条件、标准及程序；
j） 管理档案或台账的记录；
k） 需明确的其他内容；
l） 附则（包括制定与解释、实施时间等）。

5.5 专用车辆安全管理制度

专用车辆安全管理制度，至少应明确以下内容：

a） 制定依据；
b） 适用范围；
c） 实施主体及职责分工；
d） 车辆选配及报废管理；
e） 车辆必备安全设施设备的配置和安装要求；
f） 车辆检查维护与审验评定；
g） 车辆技术档案或台账记录；
h） 全体检查记录
i） 需明确的其他内容；
j） 附则（包括制定与解释、实施时间等）。

5.6 安全设施设备（停车场）管理制度

5.6.1 安全设施设备管理制度，至少应明确下列内容：

a） 制定依据；
b） 适用范围；
c） 实施主体及职责分工；
d） 安全设备配置的种类、数量及质量要求；
e） 专用停车场安全环境要求（包括周边警戒区划定、警示标志设置等）；
f） 日常运行管理要求；
g） 管理档案或台账的记录；
h） 需明确的其他内容；
i） 附则（包括制定与解释、实施时间等）。

5.6.2 车辆卫星定位监控系统，至少应包括下列内容：

a） 适用范围（包括企业监控平台专管人员、值班监控人员、调度员等）；
b） 管理主体及其职责分工；
c） 安装规范和管理要求；

d） 监控内容和程序；

e） 信息发送（内容包括道路交通事故通报、安全提示以及预警信息等）；

f） 监控记录及违规处理；

g） 需明确的其他内容；

h） 附则（包括制定与解释、实施时间等）。

5.7 应急救援预案管理制度

5.7.1 企业应急救援预案编制应符合JT/T 911的要求。

5.7.2 应急救援预案管理，至少应包括下列内容：

a） 评审、备案、负责人签署发布；

b） 宣传和教育；

c） 修订与更新。

5.8 安全生产会议制度

5.8.1 企业安全生产会议制度，至少应包括下列内容：

a） 适用范围；

b） 实施主体及职责分工；

c） 安全生产会议类别及内容；

d） 会议记录要求（包括会议召开通知、会议照片记录、参会人员签名、记录人、会议主要内容等）；

e） 其他需明确的内容；

f） 附则（包括制定与解释、实施时间等）。

5.8.2 企业安全生产会议应分为安全生产领导机构工作会议及安全生产工作例会。

a） 安全生产领导机构工作会议内容，至少应包括：

1） 企业在相应时间段内安全生产目标改进；

2） 安全生产岗位职责落实及安全管理重要人员变更；

3） 安全管理制度改进；

4） 安全生产情况分析；

5） 事故隐患整改情况；

6） 重要安全工作决策与部署等。

b） 安全生产工作例会内容，至少应包括：

1） 企业在相应时间段内的安全生产工作与目标的实施情况；

2） 安全管理制度符合度评价；

3） 安全生产工作分析；

4） 安全工作实施部署等。

5.9 安全生产考核与奖惩制度

企业安全生产考核与奖惩制度，至少应包括下列内容：

a） 制定依据；

b） 适用范围及对象；

c） 实施主体及其职责分工；

d） 安全生产考核的具体方法和内容；
e） 奖惩的类型；
f） 奖励和处罚的条件；
g） 奖惩档案或台账的记录要求（包括考核时间、考核对象、考核人员、考核标准及结果、奖惩措施等）；
h） 需明确的其他内容；
i） 附则（包括制定与解释、实施时间等）。

5.10 安全事故报告、统计与处理制度

5.10.1 安全事故报告、统计与处理制度，至少应包括下列内容：
a） 制定依据；
b） 适用范围；
c） 实施主体及其职责分工；
d） 安全事故分类和等级划分；
e） 事故报告的基本内容；
f） 事故报告对象；
g） 现场保护和救护的基本要求；
h） 管理档案或台账记录要求；
i） 需明确的其他内容；
j） 附则（包括制定与解释、实施时间等）。

5.10.2 安全事故报告的基本内容，至少应包括下列内容：
a） 事故发生单位概况；
b） 事故发生时间、地点及现场情况；
c） 事故简要经过；
d） 事故已造成或可能造成的伤亡人数（包括下落不明、涉险的人数）；
e） 已经采取的措施；
f） 其他应当报告的情况。

5.10.3 事故调查报告应包括下列内容，附有相关证据材料：
a） 事故发生经过和救援情况；
b） 事故造成的人员伤亡和直接经济损失；
c） 事故发生原因及性质认定；
d） 事故责任划分及责任者的处理建议；
e） 事故教训及防范措施。

5.10.4 依据责任划分标准，事故处理应包括下列内容：
a） 对责任主体实行责任追究及处理的程序和措施；
b） 对责任主体实行责任追究及处理的标准等。

5.10.5 事故统计分析，应明确统计和分析的内容、统计时限、统计分析结果等。

6 编制步骤

6.1 成立编制机构，落实编制任务，制定工作计划。

6.2 对本企业(单位)各所属安全管理状况和各岗位风险进行识别、评估、定位。

6.3 制定安全生产管理制度编写大纲,指导编制工作。

6.4 组织人员编制。

6.5 征求意见并修改完善。

6.6 单位主要负责人批准、发布,并按规定报有关部门备案。

7 格式和要求

7.1 格式

制度文本至少应包括以下章、条及内容:

a) 封面,主要包括:安全生产管理制度的标题、单位名称、编号、实施日期、签发人、公章(见附录B);

b) 目录;

c) 安全生产管理制度内容;

d) 附件。

7.2 字号及装订要求

企业安全生产管理制度字号及装订基本要求:

a) 安全生产管理制度标题采用黑体3号字;

b) 正文中章、条的编号及标题采用黑体4号字;

c) 正文内容采用宋体4号字;

d) 企业安全生产管理制度文本应打印后装订成册。

附 录 A
（规范性附录）
危险货物道路运输企业安全生产操作规程

A.1 安全生产操作规程分类

危险货物道路运输企业,至少应具备以下安全生产操作规程:

a) 驾驶人员操作规程;

b) 押运人员操作规程;

c) 装卸管理人员操作规程。

A.2 驾驶人员安全生产操作规程

A.2.1 驾驶人员安全生产操作规程,应符合 JT 618 的规定,且包括出车前、运输中及运输过程结束后的操作要求。

A.2.2 出车前检查操作要求,至少应包括下列内容:

a) 必备的证件和文件;

b) 车辆技术状况;

c) 车辆标志标牌;

d) 安全设施设备及消防器材;

e) 劳动防护用品;

f) 货物捆扎及防散失装备。

A.2.3 运输中的操作要求,至少应包括下列内容:

a) 车辆行驶过程中要求,应包括遵守道路交通规则、按规定线路和限速行驶、车辆停放区域、中途住宿、严禁搭乘无关人员以及其他安全驾驶注意事项等;

b) 行车中安全检查操作要求,应包括运输车辆的车况及货物状况检查等;

c) 突发事件及事故报告操作要求,应包括突发事件处理、事故报告及现场保护与救援等,应与应急救援预案及事故报告统计处理制度要求衔接。

A.2.4 运输过程结束后操作要求,至少应包括下列内容:

a) 车辆收车后的技术检查;

b) 车辆清洗消毒;

c) 相关证件及文件交接;

d) 车辆及劳动防护用品交接;

e) 行车过程汇报等。

A.3 押运人员安全生产操作规程

A.3.1 押运人员安全生产操作规程,应符合 JT 618 的规定,且包括监督和检查装卸作业、出车前、运输中及运输过程结束后的操作要求。

A.3.2 监督和检查装卸作业过程,至少应包括下列内容:

a) 监督驾驶人员驶入或停放在装卸作业区的操作要求;

b) 监督装卸作业前的货物核对、相关文件审查及交接手续等;

c） 监督装卸、堆放作业按规定要求进行。

A.3.3 出车前检查操作要求，至少应包括下列内容：

a） 掌握本次运输任务要求；

b） 危险货物的性质和危害特性以及突发事件时的处置措施等知识；

c） 领取劳动防护用品；

d） 协助驾驶人员做好出车前的证件和文件、车辆技术状况、标志标牌、安全设施设备、货物捆扎及防散失装备等检查。

A.3.4 运输中的操作要求，至少应包括下列内容：

a） 监督驾驶人员的行车操作，应包括遵守道路交通规则、按规定线路和限速行驶、车辆停放区域、中途食宿、严禁搭乘无关人员及其他安全驾驶注意事项等监督和纠正；

b） 行车中监管操作要求，应包括货物监管、检查，协助驾驶人员做好车况检查等；

c） 突发事件及事故报告操作要求，应协助驾驶人员做好包括突发事件紧急处置、事故报告及现场保护与救援等。

A.3.5 运输过程结束后操作要求，至少应包括下列内容：

a） 运输作业过程相关情况的汇报；

b） 协助相关证件及文件、劳动防护用品的交接等。

A.4 装卸管理人员安全生产操作规程

A.4.1 装卸管理人员安全生产操作规程，应符合 JT 618 的规定，且包括装运前、装卸过程中及装卸后的操作要求。

A.4.2 装运前的操作要求，至少应包括下列内容：

a） 本次装卸任务及要求；

b） 掌握危险货物性质、危害特性以及应急处置措施等知识；

c） 运输相关证件及资料检查；

d） 装卸作业场所的安全检查；

e） 装卸机具设备的技术状况及其操作方法要求；

f） 车辆和罐体状况及匹配；

g） 标志标牌状况；

h） 安全设施设备；

i） 货物捆扎及防散失装备等检查。

A.4.3 装卸过程的操作要求，至少应包括下列内容：

a） 装载、堆放、配装、捆扎作业及安全防护应符合国家相关要求；

b） 突发事件处置及事故报告操作要求，应包括突发事件处置、事故报告及现场保护与救援等。

A.4.4 装卸后操作要求，至少应包括下列内容：

a） 作业现场处理；

b） 作业过程相关情况的汇报；

c） 相关证件及文件的交接；

d） 装卸机具清洗等。

附　录　B

（资料性附录）

危险货物道路运输企业安全生产管理制度编制格式

危险货物道路运输企业安全生产管理制度封面的格式示例参见图B.1。

××××—××—××××

安全生产管理制度

编　　号：

实施日期：

签 发 人：　　　　　（签字）

（公章）

企业全称

图B.1　安全生产管理制度封面格式示例

七、《危险货物道路运输企业安全生产责任制编写要求》(JT/T 913—2014)

危险货物道路运输企业安全生产责任制编写要求

1 范围

本标准规定了危险货物道路运输企业安全生产责任制的编制要求、编制内容及格式和要求等。

本标准适用于危险货物道路运输企业安全生产责任制的编写。使用自备车辆为本单位服务的非经营性危险货物道路运输单位的安全生产管理参照执行。

2 规范性引用文件

下列文件对于本文件的应用是必不可少的。凡是注日期的引用文件,仅注日期的版本适用于本文件。凡是不注日期的引用文件,其最新版本(包括所有修改单)适用于本文件。

GB 6944 危险货物分类和品名编号

JT 617 汽车运输危险货物规则

JT 618 汽车运输、装卸危险货物作业规程

3 术语和定义

下列术语和定义适用于本文件。

3.1

危险货物道路运输企业 dangerous goods road transportation enterprise

从事经营性危险货物道路运输的组织。

3.2

危险货物(也称危险物品或危险品) **dangerous goods**

具有爆炸、易燃、毒害、感染、腐蚀、放射性等危险特性,在运输、储存、生产、经营、使用和处置中,容易造成人身伤亡、财产损毁或环境污染而需要特别防护的物质和物品。

[GB 6944—2012,定义3.1]

3.3

安全生产责任制 safety production responsibility system

危险货物道路运输的企业负责人及其他从业人员在安全生产方面应负的责任。

3.4

安全生产"一岗双责" a pair of responsibility for safety production

每个工作岗位,应负责本岗位职责,还要对本岗位的安全生产工作负责。

3.5

安全生产费用 safety production costs

企业按照规定标准提取,专门用于完善和改进企业安全生产条件的资金。

3.6

安全生产管理机构　safety production management organization

危险货物道路运输企业专门负责安全生产监督管理的内设机构。

4　编制要求

4.1　应符合国家和行业有关安全生产法律、行政法规及技术标准的要求，遵循“安全第一、预防为主、综合治理”的方针要求。

4.2　安全生产责任制应结合企业实际，满足“安全生产‘一岗双责’”的原则，分类和分级制定。

4.3　企业安全生产责任制应至少包括下列内容：

a）　安全生产目标；

b）　安全生产管理机构；

c）　安全生产岗位；

d）　安全生产责任考核；

e）　安全生产责任奖惩；

f）　附则。

5　编制内容

5.1　总则

安全生产责任制总则部分应至少包括以下内容：

a）　制定依据；

b）　适用范围；

c）　基本原则。

5.2　安全生产目标

5.2.1　目标设定

安全生产目标设定应至少包括以下内容：

a）　运输责任事故控制目标；

b）　运输安全管理工作目标。

5.2.2　目标分解

将安全生产目标和责任分解到企业有关安全生产管理机构和岗位。

5.2.3　目标执行

有关安全生产管理机构和岗位应按照目标分解，落实安全责任、投入和措施，实现企业安全生产目标。

5.2.4　目标监督检查

依据企业安全生产目标，对有关安全生产管理机构和岗位安全生产目标完成情况进行监督、检查的方法。

5.3　安全生产管理机构

5.3.1　安全生产管理机构设置

企业根据法律法规要求及安全生产管理需要，设置的安全生产管理机构，至少应包括安全生产决策机构和安全生产管理部门。

5.3.2 安全生产决策机构安全职责

安全生产决策机构安全职责应至少包括：

a) 负责领导本企业的安全生产工作；

b) 研究决策本企业安全生产的重大问题；

c) 贯彻执行国家和行业有关安全生产法律、法规、规章和标准的要求；

d) 研究、审议和批准安全生产规划、目标、管理体系、安全管理机构设置、安全投入、安全评价等安全管理的重大事项。

5.3.3 安全生产管理部门安全职责

安全生产管理部门的职责应至少包括：

a) 贯彻落实安全生产决策机构有关安全生产决定和管理措施；

b) 组织制定(修订)和执行安全生产管理制度、操作规程、安全生产工作计划、安全生产费用预算、应急预案等；

c) 组织召开安全会议,开展安全生产活动,提出安全生产管理建议；

d) 负责安全生产工作的监督、检查、考核、通报；

e) 负责安全设施、设备、防护用品管理与发放；

f) 负责车辆维护、保养和维修；

g) 危险货物受理、审核及相应营运手续办理；

h) 制定运输组织方案及车辆人员调度；

i) 专职安全管理人员、从业人员的审核、聘用、奖惩、解聘、劳动安全、职业健康等；

j) 负责运输事故现场协调、配合、调查与报告；

k) 安全生产管理档案建立、信息统计等。

5.3.4 其他职能部门职责

规定在其职能范围内应负的安全生产工作责任。

5.4 安全生产岗位

5.4.1 安全生产岗位人员

安全生产岗位的人员一般包括主要负责人、分管安全的企业负责人、安全管理部门负责人、专职安全管理人员、驾驶人员、押运人员、装卸管理人员及其他岗位人员。

5.4.2 主要负责人安全职责

企业主要负责人是企业安全生产工作第一责任人,安全职责应至少包括：

a) 贯彻执行国家安全生产的法律、法规、规章、技术标准、政策规定等；

b) 建立、健全本单位安全生产责任制；

c) 组织制定本单位安全生产规章制度和操作规程；

d) 保证本单位安全生产投入的有效实施；

e) 督促、检查本单位的安全生产工作,及时消除生产安全事故隐患；

f) 组织制定并实施本单位的生产安全事故应急救援预案；

g) 及时、如实报告生产安全事故。

5.4.3　分管安全的企业负责人安全职责

分管安全的企业负责人，安全生产职责应至少包括：

a）组织、协调企业各职能部门的安全生产管理工作，改善安全生产条件；

b）组织制定企业各项安全生产规章制度、操作规程及应急预案；

c）负责企业运输事故应急处置、调查及处理建议。

5.4.4　安全管理部门负责人安全职责

安全管理部门负责人安全生产职责应至少包括：

a）贯彻落实企业有关安全生产决定和管理措施；

b）制定和执行安全生产管理规章制度、操作规程、应急预案、安全生产工作计划、安全生产费用预算；

c）开展安全生产工作监督、检查、考核、隐患排查和整改的落实、安全文化建设和事故应急救援演练等；

d）组织召开安全工作例会，提出安全生产管理建议；

e）对运输事故现场协调处置、调查、报告及提出处理建议；

f）安全生产统计与安全生产管理档案建立。

5.4.5　专职安全管理人员安全职责

专职安全管理人员安全生产职责应至少包括：

a）协助制定、执行企业安全生产管理规章制度、操作规程、应急预案、安全生产工作计划、安全措施等，监督、检查执行情况，提出改进建议；

b）组织安全学习、从业人员安全教育培训、应急演练等安全生产活动；

c）做好安全检查和隐患排查及督促整改；

d）新聘从业人员的教育培训、考核；

e）车辆和安全设施及设备、劳动防护用品等管理、发放、使用和保养，以及单位相关证照和保险办理；

f）事故现场组织施救，协助事故调查、处理，负责事故原因分析与保险理赔；

g）实施车辆动态监控以及安全统计和安全管理档案建立。

5.4.6　驾驶人员安全职责

驾驶人员安全生产职责应至少包括：

a）执行企业有关运输的各项规章制度、操作规程及应急预案，按照有关运输规定行车和停车；

b）负责车辆（罐体）日常检查和维护；

c）随车携带相关有效证件及文书，保证车辆安全防护设施、设备和防护用品等器材良好有效；

d）参加安全学习、教育培训等活动，按照 JT 617 和 JT 618 要求，掌握安全技术知识、技能与应急处理办法；

e）对运输事故及时报告和应急处置。

5.4.7　押运人员安全职责

押运人员安全生产职责应至少包括：

a） 执行企业有关危险物运输押运的各项规章制度、操作规程和应急预案；
b） 会同驾驶人员做好车辆（罐体）安全检查，保障相关证件、文书，车辆安全防护设施、设备及消防、防护用品，货物捆扎等齐全有效；
c） 监督、提醒驾驶人员按照有关运输规定行车和停车，做好客户及货物核实，检查货物配装和堆码，行车途中应监视货物状态是否安全；
d） 对运输事故及时报告和应急处置，且维护好现场；
e） 应参加安全学习和教育培训等活动，按照 JT 617 和 JT 618 要求，掌握安全技术知识与应急处理办法。

5.4.8 装卸管理人员安全职责

装卸管理人员安全生产职责应至少包括：

a） 执行企业有关危险物运输装卸的各项规章制度、操作规程和应急预案；
b） 检查运输车辆的资质、设备状况和安全措施、装卸作业区安全、车辆（罐体）、安全设备、装卸机具技术性能、货物、人员、证件、手续及作业人员劳动防护用品穿戴是否符合要求；
c） 监视装卸过程和装卸作业应符合 JT 618 规定。

5.4.9 其他岗位人员安全职责

其他岗位人员应负责其职责范围内的安全生产工作。

5.5 安全生产责任考核

企业应建立安全生产目标与责任制相结合的考核制度，制定量化的控制指标体系和考核规定。

5.6 安全生产责任奖惩

企业应实行安全生产目标与责任制相结合的奖惩制度。

5.7 附则

附则部分应至少包括下列内容：

a） 解释权归属；
b） 实施日期；
c） 其他。

6 格式和要求

6.1 格式

6.1.1 制度文本应至少包括以下内容：

a） 封面，主要包括标题、单位名称、编号、实施日期、签发人、公章；
b） 目录；
c） 安全生产责任制内容；
d） 附件，主要包括企业安全生产责任制编制过程中所涉及的依据或说明。

6.1.2 安全生产责任制文本格式及示例参见附录 A。

6.2 字号及装订要求

企业安全生产管理责任制字号及装订基本要求：

a） 安全生产责任制封面标题采用黑体3号字；

b） 正文中章、条的编号及标题采用黑体4号字；

c） 正文内容采用宋体4号字；

d） 企业安全生产责任制文本应打印后装订成册。

附　录　A
（资料性附录）
危险货物道路运输企业安全生产责任制编制格式

危险货物道路运输企业安全生产责任制封面、目录、正文首页和附件的格式示例分别参见图 A.1 ~ 图 A.4。

××××—××—××××

安全生产责任制

编　　号：

实施日期：

签 发 人：　　　　　（签字）

（公章）

企业全称

图 A.1　安全生产责任制封面格式示例

目　录

图 A.2　安全生产责任制目录格式示例

安全生产责任制

1 总则

1.1 制定依据

图 A.3 安全生产责任制正文首页格式示例

附件×

附件标题

××。

图 A.4　安全生产责任制附件格式示例

八、《危险货物道路运输企业安全生产档案管理技术要求》(JT/T 914—2014)

危险货物道路运输企业安全生产档案管理技术要求

1 范围

本标准规定了危险货物道路运输企业安全生产档案管理要求、档案分类、归档范围、立卷归档、电子档案。

本标准适用于危险货物道路运输企业安全生产档案管理编制。

2 规范性引用文件

下列文件对于本文件的应用是必不可少的。凡是注日期的引用文件,仅注日期的版本适用于本文件。凡是不注日期的引用文件,其最新版本(包括所有修改单)适用于本文件。

GB 13392 道路运输危险货物车辆标志

GB 18565 营运车辆综合性能要求和检验办法

JT/T 198 营运车辆技术等级划分和评定要求

JT 618 汽车运输、装卸危险货物作业规程

JT 719 营运货车燃料消耗量限值及测量方法

JT/T 794 道路运输车辆卫星定位系统车载终端技术要求

3 术语和定义

下列术语和定义适用于本文件。

3.1

危险货物道路运输车辆 dangerous goods road transport vehicle

满足特定技术条件和要求,从事危险货物道路运输的载货汽车。

3.2

危险货物道路运输 dangerous goods road transport

使用载货汽车通过道路运输危险货物的作业全过程。

3.3

危险货物道路运输从业人员 dangerous goods road transport practitioner

经设区的市级人民政府交通运输主管部门考试合格,取得相应从业资格证,从事危险货物道路运输的驾驶人员、押运人员和装卸管理人员。

3.4

专职安全管理人员 full-time safety management personnel

符合行业管理要求,经考试合格取得安全管理人员资格证,专门从事危险货物道路运输企业安全生产管理的人员。

4 档案管理编制要求

4.1 应依据国家法律、法规、标准对危险货物道路运输管理要求编制安全生产管理档案，内容包括企业安全生产全过程所形成的管理材料。

4.2 归档材料分类管理。

4.3 动态材料及时更新。安全生产过程中形成的动态材料，即：审验、检测、各种记录等，每次完成作业后应归档并整理，保持档案材料之间的有机联系。

5 档案分类

5.1 根据类型、功能和档案形成的特点，危险货物道路运输企业档案共分为：企业资质类、人员类、危险货物道路运输车辆类和监督检查类。根据实际需要下设一级类目和二级类目。

5.2 企业资质档案编号为A，一级类目分：企业基本信息、停车场地及设备信息、安全生产管理制度。

5.3 人员档案编号为B，一级类目分：企业管理人员、专职安全管理人员、驾驶人员、押运人员、装卸管理人员，二级类目为人员姓名。

5.4 危险货物道路运输车辆档案编号为C，一级类目分别为各危险货物道路运输车辆。

5.5 监督检查档案编号为D，一级类目分别为各类记录。

6 归档范围

6.1 企业资质档案（A）

6.1.1 企业基本信息（档案编号：A1），应至少包括：

a） 企业概况：企业名称、地址、法定代表人、企业负责人、联系电话、投资总额、注册资本、经营范围、车辆规模、停车场地位置及面积、专职安全管理人员及从业人员数量等基本信息；

b）《道路运输经营许可证》或《道路运输危险货物许可证》；

c）《企业法人营业执照》；

d） 安全评估相关材料；

e） 许可相关材料（原始材料）。

6.1.2 停车场地及设备（当期材料）（档案编号：A2）应至少包括以下内容：

a） 自有或租借三年以上，与经营范围、规模相适应的停车场地证明材料；

b） 配备其他安全防护和消防设施设备清单；

c） 运输生产设备（包括装卸设备）清单。

6.1.3 安全生产管理制度（档案编号：A3），应至少包括：

a） 企业主要负责人、安全管理部门负责人、专职安全管理人员安全生产责任制度；

b） 从业人员安全生产责任制度；

c） 安全生产监督检查制度；

d） 安全生产教育培训制度；

e） 从业人员、危险货物道路运输车辆、设备及停车场地安全管理制度；

f) 应急救援预案制度;
g) 安全生产作业规程;
h) 安全生产考核与奖惩制度;
i) 安全事故报告、统计与处理制度。

6.2 人员档案(B)

6.2.1 危险货物道路运输企业管理人员(档案编号:B1),应至少包括:法定代表人、主要负责人和分管安全的负责人姓名、性别、出生年月日、学历、职务/职称、简历等基本信息。

6.2.2 专职安全管理人员(档案编号:B2),应至少包括:专职安全管理人员的姓名、性别、出生年月日、学历、职务/职称、简历等基本信息及资格证复印件。

6.2.3 危险货物道路运输从业人员,即:驾驶人员(档案编号:B3)、押运人员(档案编号:B4)、装卸管理人员(档案编号:B5)应至少包括下列内容:

a) 劳动关系合同;
b) 姓名、性别、出生年月日、学历、岗位、简历等基本信息;
c) 身份证、机动车驾驶证、从业资格证复印件;
d) 从业情况记录(包括诚信考核记录,违法、违章、事故记录)。

6.3 危险货物道路运输车辆档案(C)

危险货物道路运输的车辆,应至少包括下列内容:

a) 机动车行驶证复印件;
b) 车辆技术参数档案;
c) 符合 JT 719 规定要求的燃料消耗量证明材料;
d) 有效的通信工具配备情况;
e) 具有行驶记录功能的卫星定位装置的配备情况;
f) 必备的应急处理器材、安全防护设施设备清单;
g) 符合 GB 13392 要求,悬挂危险货物道路运输车辆标志和标识的照片;
h) 车辆变更记录;
i) 道路运输证复印件;
j) 符合 GB 18565 和 JT/T 198 规定的一级技术等级的有效证明;
k) 危险货物道路运输罐式车辆的罐体,经质量技术监督部门检验合格证明;
l) 二级维护和检测报告复印件;
m) 符合规定要求投保承运人责任险保险单;
n) 每年审验记录相关材料;
o) 车辆行驶里程记录;
p) 车辆维修记录;
q) 交通事故记录;
r) 异地经营的,在经营地设区的市级道路运输管理机构备案的材料。

6.4 监督检查档案(D)

危险货物运输监督检查,应至少包括下列内容:

a) 企业安全生产监督检查记录(档案编号:D1);

b） 安全生产会议记录（档案编号:D2）；

c） 危险货物道路运输车辆监控数据记录（档案编号:D3）；

d） 危险货物道路运输车辆出车安全例检记录（档案编号:D4）；

e） 危险货物道路运输罐式车辆罐体检查记录（档案编号:D5）；

f） 危险货物道路运输车辆行驶日志（档案编号:D6）；

g） 企业安全学习及培训教育记录（档案编号:D7）；

h） 驾驶人员违法驾驶及处理情况记录（档案编号:D8）；

i） 应急预案演练记录（档案编号:D9）；

j） 事故报告、应急处置、调查、处理记录（档案编号:D10）。

7 立卷归档

7.1 归档

7.1.1 归档的材料应齐全、准确、完整和系统。

7.1.2 归档的材料纸张大小用A4纸，并应根据档案分类整理案卷。

7.1.3 档案案卷应按照第5章的分类分别立卷，各类档案的编号方式按附录A。

7.1.4 安全生产过程中的录音、录像、照片、计算机软盘（磁盘）和其他非纸质载体形式的档案，不单独设置类目，应视其内容特征同纸质载体档案对应分类编号。

7.2 保管

7.2.1 档案应分类存放，有序排列。各类归档材料按档案范围中英文字母的先后顺序存放。

7.2.2 企业、车辆、人员证件及记录有效期发生变化，设备更换等有时效性的信息应及时更新。

7.2.3 危险货物道路运输车辆监控数据记录（D3）保存期限3个月；危险货物道路运输罐式车辆罐体检查记录（D5）保存期限2年；企业安全生产监督检查记录（D1）、驾驶人员违法驾驶及处理情况记录（D8）保存期限3年。

7.2.4 企业应对保管期限已满的档案进行审核，对确无保存价值的档案登记造册，经企业法定代表人批准后进行监销。

8 电子档案

8.1 企业可建立使用电子档案，实施档案规范化管理。

8.2 电子档案应有严格的管理制度和技术措施。

8.3 纸质文件转换电子档案，纸质档案应当保留，两者之间应建立相互准确、可靠的标识关系。

附 录 A
(规范性附录)
档案编号规则

A.1 企业资质类档案编号规则

企业资质类档案编号由六位字母和阿拉伯数字混合码及连接符组成,见图 A.1。

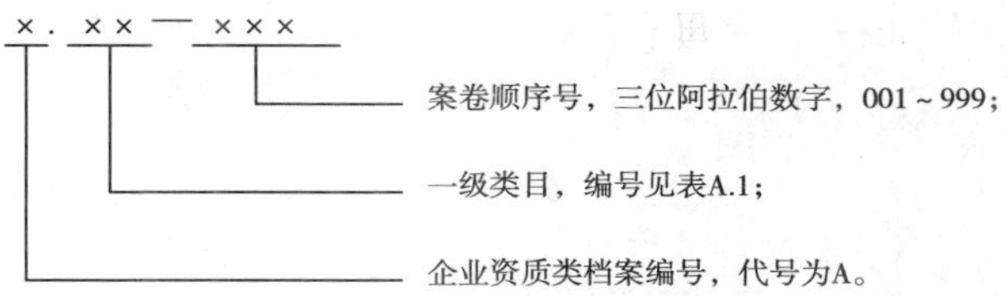

图 A.1 企业资质类档案编号

表 A.1 企业资质类一级类目编号

编号	名 称	编号	名 称
A1	企业基本信息	A3	安全生产管理制度
A2	停车场地及设备信息		

A.2 人员类档案编号规则

人员类档案编号由 11 位字母和阿拉伯数字混合码及连接符组成,见图 A.2。

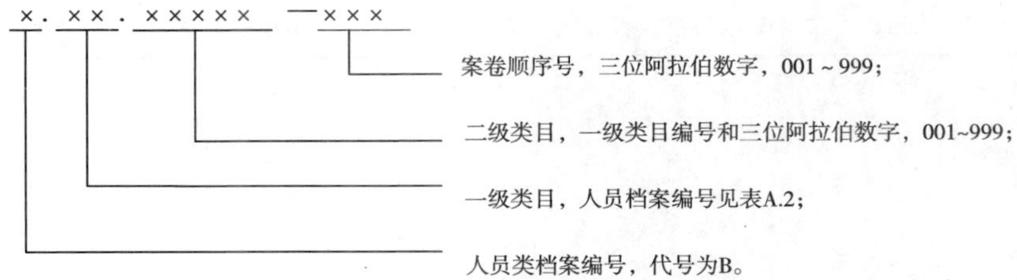

图 A.2 人员类档案编号

表 A.2 人员类一级类目编号

编号	名 称	编号	名 称
B1	企业管理人员	B4	押运人员
B2	专职安全管理人员	B5	装卸管理人员
B3	驾驶人员		

A.3 车辆类档案编号规则

车辆类档案编号由九位字母和阿拉伯数字混合码及连接符组成,见图 A.3。

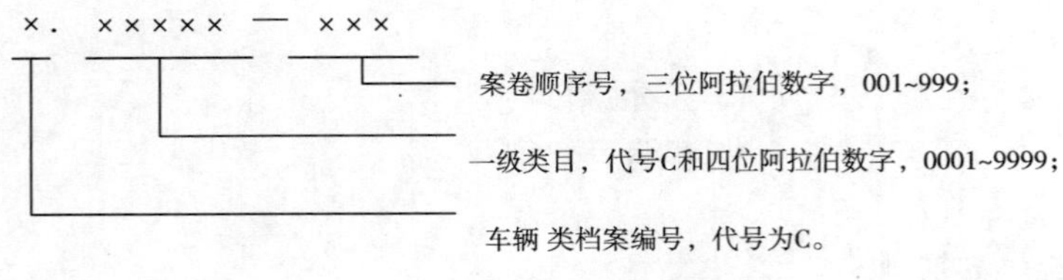

图 A.3 车辆类档案编号

A.4 监督检查类档案编号规则

监督检查类档案编号由六位字母和阿拉伯数字混合码及连接符组成，见图 A.4。

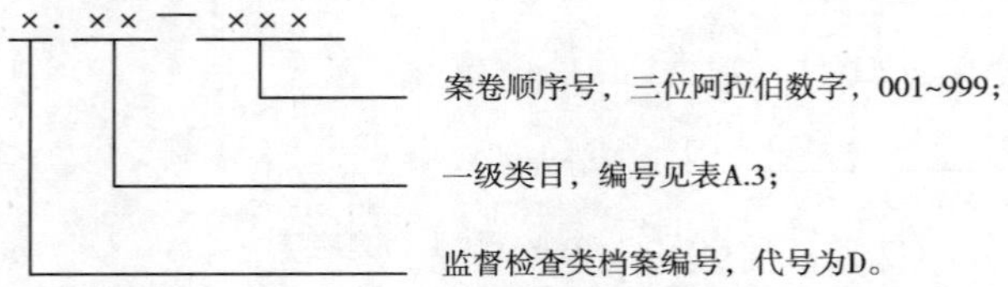

图 A.4 监督检查类档案编号

表 A.3 监督检查类一级类目编号

编号	名称	编号	名称
D1	企业安全生产监督检查记录	D6	危险货物道路运输车辆行驶日志
D2	安全生产会议记录	D7	企业安全学习及培训教育记录
D3	危险货物道路运输车辆监控数据记录	D8	驾驶人员违法驾驶及处理情况记录
D4	危险货物道路运输车辆出车安全例检记录	D9	应急预案演练记录
D5	危险货物道路运输罐式车辆罐体检查记录	D10	事故报告、应急处置、调查、处理记录

附 录

附录1 有关危险货物道路运输国家及行业标准的体系

一、国家标准

1. 基础标准

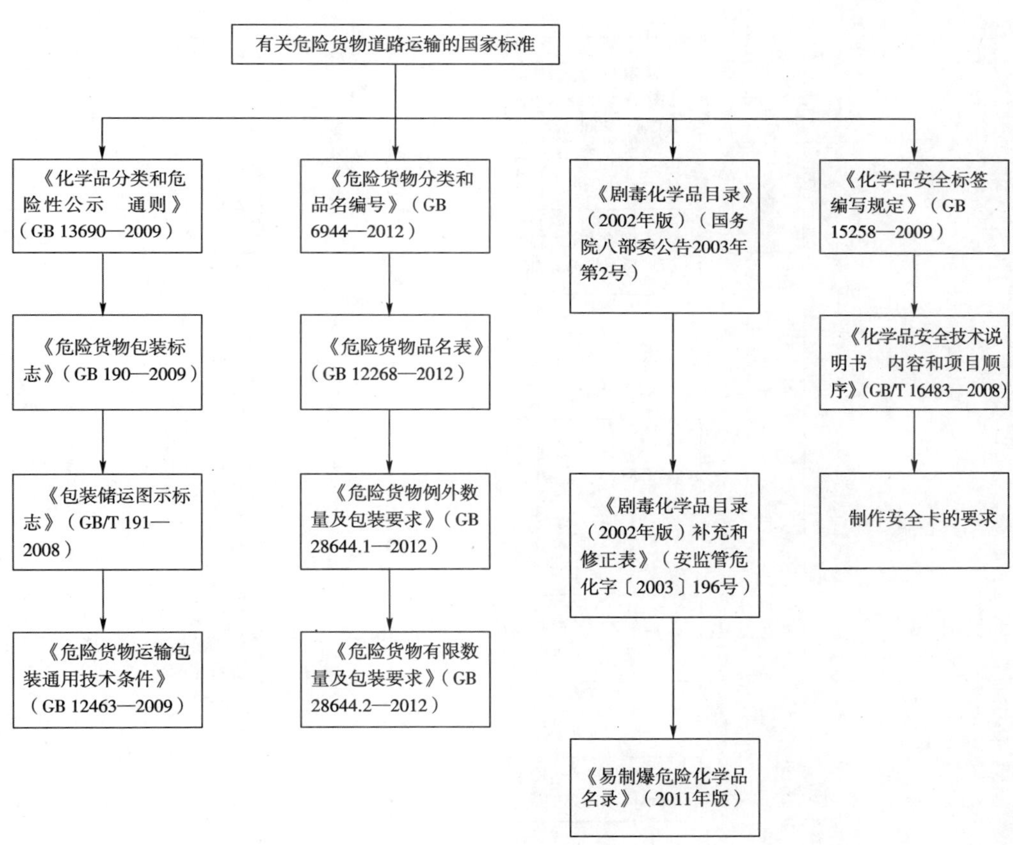

2. 涉及车辆的标准

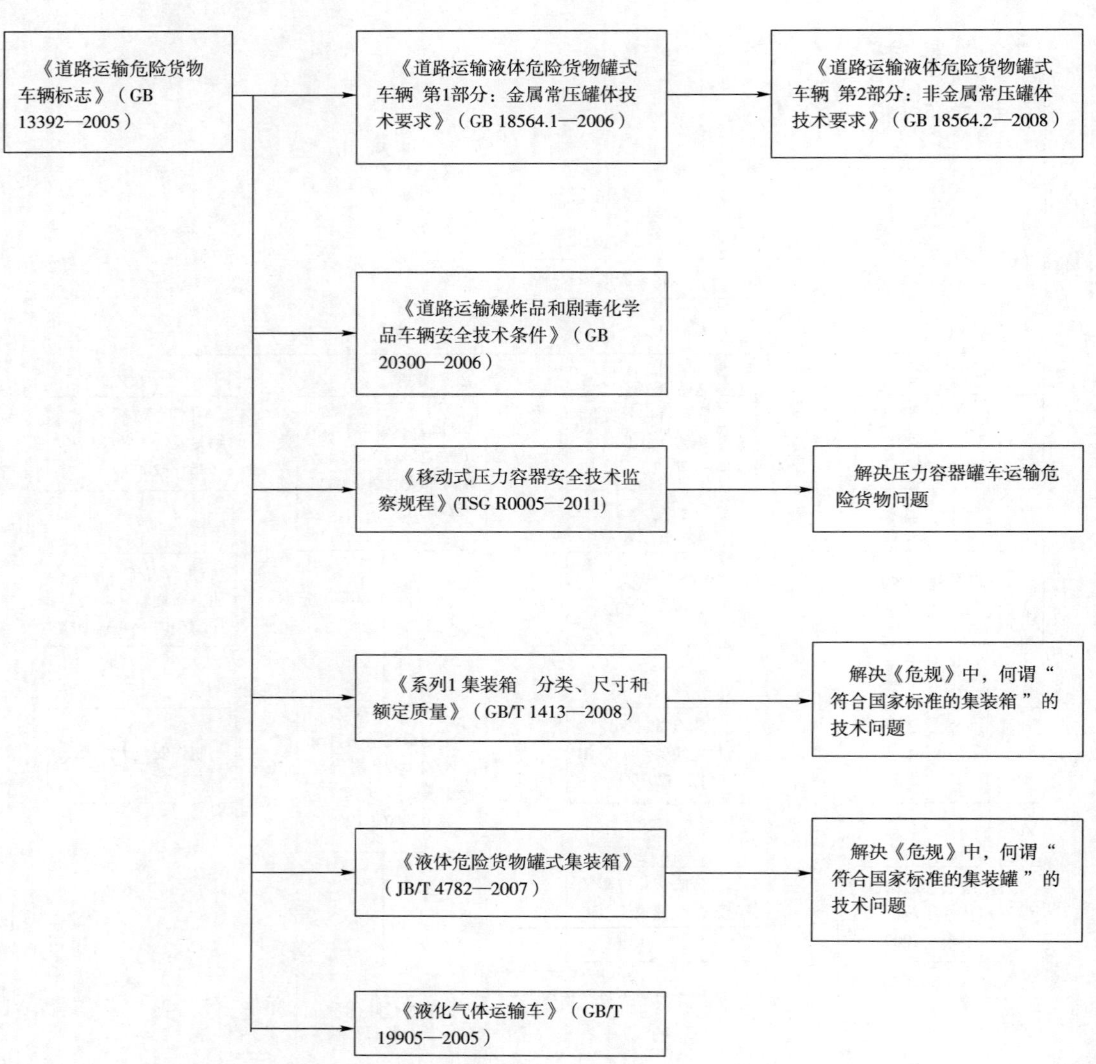

注:JB 为机械制造行业的行业标准。

二、行业标准

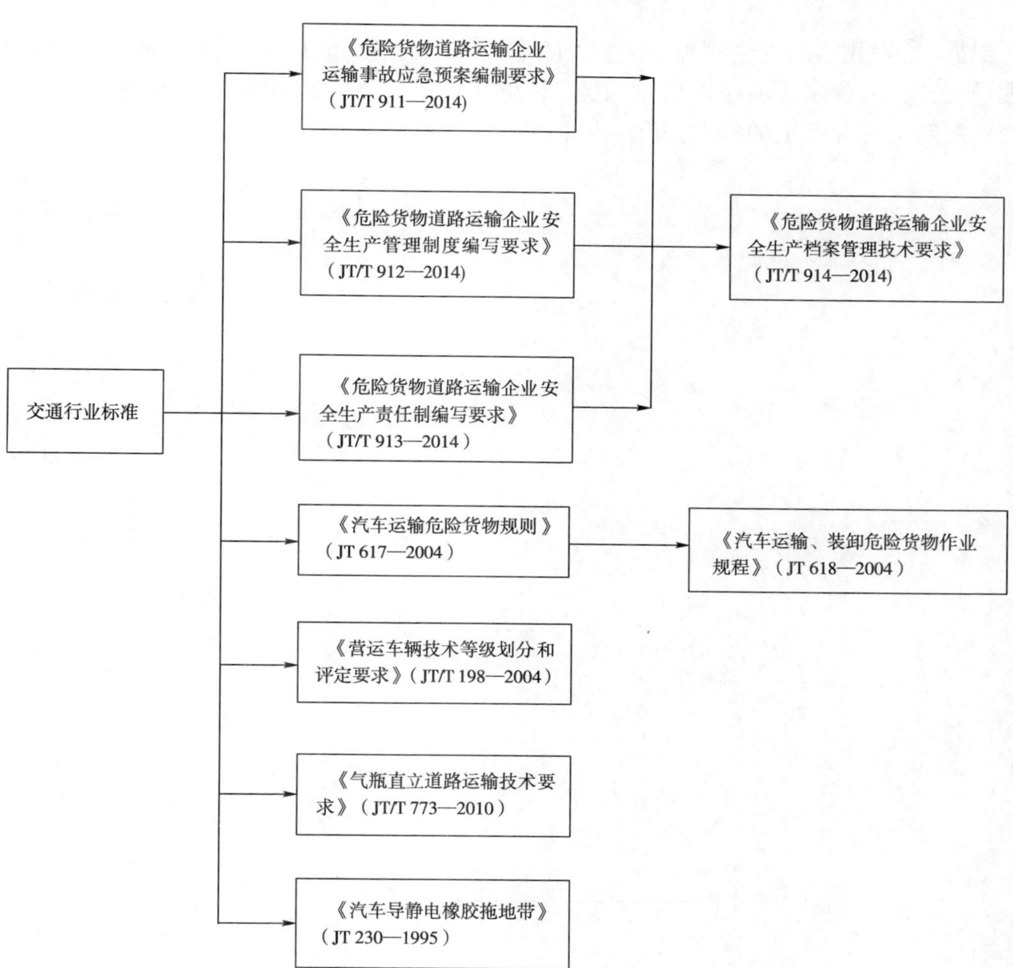
交通行业标准
《危险货物道路运输企业运输事故应急预案编制要求》（JT/T 911—2014）
《危险货物道路运输企业安全生产管理制度编写要求》（JT/T 912—2014）
《危险货物道路运输企业安全生产责任制编写要求》（JT/T 913—2014）
《危险货物道路运输企业安全生产档案管理技术要求》（JT/T 914—2014）
《汽车运输危险货物规则》（JT 617—2004）
《汽车运输、装卸危险货物作业规程》（JT 618—2004）
《营运车辆技术等级划分和评定要求》（JT/T 198—2004）
《气瓶直立道路运输技术要求》（JT/T 773—2010）
《汽车导静电橡胶拖地带》（JT 230—1995）

附录2　公布《剧毒化学品目录》（2002 年版）
（国务院八部委公告 2003 年第 2 号）

公布《剧毒化学品目录》（2002 年版）

根据《危险化学品安全管理条例》（国务院令第 344 号）的规定，现将国家安全生产监督管理局、公安部、国家环境保护总局、卫生部、国家质量监督检验检疫总局、铁道部、交通部和中国民用航空总局确定的《剧毒化学品目录》（2002 年版），予以公布。

安全监管局
公安部
环保总局
卫生部
质检总局
铁道部
交通部
民航总局
二〇〇三年六月二十四日

剧毒化学品目录(2002年版)

说 明

一、剧毒化学品的判定界限

1. 剧毒化学品的定义

剧毒化学品是指具有非常剧烈毒性危害的化学品,包括人工合成的化学品及其混合物(含农药)和天然毒素。

2. 剧毒化学品判定界限

大鼠试验,经口 $LD_{50} \leqslant 50mg/kg$,经皮 $LD_{50} \leqslant 200mg/kg$,吸入 $LC_{50} \leqslant 500ppm$(气体)或2.0mg/L(蒸气)或0.5mg/L(尘、雾),经皮 LD_{50} 的试验数据,可参考兔试验数据。

二、本目录为2002年版,共收录335种剧毒化学品。本目录将随着我国对化学品危险性鉴别水平和毒性认识的提高,不定期进行修订和公布新的目录。

三、本目录各栏目含义:

1. "序号"是指本目录录入剧毒化学品的顺序。

2. "中文名称"和"英文名称"是指剧毒化学品的中文和英文名称。其中:"化学名"是按照化学品命名方法给予的名称;"别名"是指除"化学名"以外的习惯称谓或俗名。

" * "表示该剧毒化学品含量来源于国家标准《危险货物品名表》(GB 12268—90)。

"※"表示该剧毒化学品含量来源于中国疾病预防控制中心职业卫生与中毒控制所检验报告。

3. "分子式"是指该剧毒化学品的元素组成。

4. "CAS号"是指美国化学文摘社为一种化学物质指定的唯一索引编号。

5. "UN号"是指联合国危险货物运输专家委员会在《关于危险货物运输的建议书》(橘皮书)中对危险货物指定的编号。在目录中标注2个UN号是指该剧毒化学品2种不同形态危险货物指定的编号。

6. "受限范围"是指该剧毒化学品受到中国政府的限制范围。

"Ⅰ"表示国家明令禁止使用的剧毒化学品;

"Ⅱ"表示国家明令禁止使用的农药;

"Ⅲ"表示在蔬菜、果树、茶叶和中草药材上不得使用的农药。

四、本目录是以化学品毒性指标作为判定界限而收录,不改变现行有关危险化学品的分类。运输部门可从管理实际出发,按现行国家标准《危险货物分类和品名编号》(GB 6944)分类,制定实施相应的监管措施。

序号	中文名称		分子式	CAS号	UN号	受限范围
	化学名	别名				
1	氰	氰气	C_2N_2	460-19-5	1026	
2	氰化钠	山奈	NaCN	143-33-9	1689	
3	氰化钾	山奈钾	KCN	151-50-8	1680	
4	氰化钙		$Ca(CN)_2$	592-01-8	1575	
5	氰化银钾	银氰化钾	$KAg(CN)_2$	506-61-6	1588	
6	氰化镉		$Cd(CN)_2$	542-83-6	2570	
7	氰化汞	氰化高汞;二氰化汞	$Hg(CN)_2$	592-04-1	1636	
8	氰化金钾	亚金氰化钾	$KAu(CN)_2$	13967-50-5	1588	
9	氰化碘	碘化氰	ICN	506-78-5	3290	
10	氰化氢	氢氰酸	HCN	74-90-8	1051	
11	异氰酸甲酯	甲基异氰酸酯	C_2H_3NO	624-83-9	2480	
12	丙酮氰醇	丙酮合氰化氢;2-羟基异丁腈;氰丙醇	C_4H_7NO	75-86-5	1541	
13	异氰酸苯酯	苯基异氰酸酯	C_7H_5NO	103-71-9	2487	
14	甲苯-2,4-二异氰酸酯	2,4-二异酸甲苯酯	$C_9H_6N_2O_2$	584-84-9	2078	
15	异硫氰酸烯丙酯	人造芥子油;烯丙基异硫氰酸酯;烯丙基芥子油	C_4H_5NS	57-06-7	1545	
16	四乙基铅	发动机燃料抗爆混合物	$C_8H_{20}Pb$	78-00-2	1649	
17	硝酸汞	硝酸高汞	$Hg(NO_3)_2$	10045-94-0	1625	
18	氯化汞	氯化高汞;二氯化汞;升汞	$HgCl_2$	7487-94-7	1624	
19	碘化汞	碘化高汞;二碘化汞	HgI_2	7774-29-0	1638	
20	溴化汞	溴化高汞;二溴化汞	$HgBr_2$	7789-47-1	1634	
21	氧化汞	一氧化汞;黄降汞;红降汞;三仙丹	HgO	21908-53-2	1641	
22	硫氰酸汞	硫氰化汞,硫氰酸高汞	$Hg(SCN)_2$	592-85-8	1646	

续上表

序号	中文名称		分子式	CAS 号	UN 号	受限范围
	化学名	别名				
23	乙酸汞	醋酸汞	$C_4H_6O_4Hg$	1600-27-7	1629	
24	乙酸甲氧基乙基汞	醋酸甲氧基乙基汞	$C_5H_{10}HgO_3$	151-38-2	2025	
25	氯化甲氧基乙基汞		C_3H_7ClHgO	123-88-6	2025	
26	二乙基汞		$C_4H_{10}Hg$	627-44-1	2929	
27	重铬酸钠	红矾钠	$Na_2Cr_2O_7$	10588-01-9	3086	
28	羰基镍	四羰基镍；四碳酰镍	$Ni(CO)_4$	13463-39-3	1259	
29	五羰基铁	羰基铁	$Fe(CO)_5$	13463-40-6	1994	
30	铊	金属铊	Tl	7440-28-0	3288	
31	氧化亚铊	一氧化(二)铊	Tl_2O	1314-12-1	1707	
32	氧化铊	三氧化(二)铊	Tl_2O_3	1314-32-5	1707	
33	碳酸亚铊	碳酸铊	Tl_2CO_3	6533-73-9	1707	
34	硫酸亚铊	硫酸铊	Tl_2SO_4	7446-18-6	1707	
35	乙酸亚铊	乙酸铊；醋酸铊	$C_2H_3O_2Tl$	563-68-8	1707	
36	丙二酸铊	丙二酸亚铊	$C_3H_2O_4Tl_2$	2757-18-8	1707	
37	硫酸三乙基锡		$C_{12}H_{30}O_4SSn_2$	57-52-3	3146	
38	二丁基氧化锡	氧化二丁基锡	$C_8H_{18}OSn$	818-08-6	3146	
39	乙酸三乙基锡	三乙基乙酸锡	$C_8H_{18}O_2Sn$	1907-13-7	2788	
40	四乙基锡	四乙锡	$C_8H_{20}Sn$	597-64-8	2929	
41	乙酸三甲基锡	醋酸三甲基锡	$C_5H_{12}O_2Sn$	1118-14-5	2788	
42	磷化锌	二磷化三锌	Zn_3P_2	1314-84-7	1714	
43	五氧化二钒	钒(酸)酐	V_2O_5	1314-62-1	2862	
44	五氯化锑	过氯化锑；氯化锑	$SbCl_5$	7647-18-9	1730	
45	四氧化锇	锇酸酐	OsO_4	20816-12-0	2471	
46	砷化氢	砷化三氢；胂	AsH_3	7784-42-1	2188	
47	三氧化(二)砷	白砒；砒霜；亚砷(酸)酐	As_2O_3	1327-53-3	1561	
48	五氧化(二)砷	砷(酸)酐	As_2O_5	1303-28-2	1559	
49	三氯化砷	氯化亚砷	$AsCl_3$	7784-34-1	1560	

续上表

序号	中文名称		分子式	CAS 号	UN 号	受限范围
	化学名	别名				
50	亚砷酸钠	偏亚砷酸钠	$NaAsO_2$	7784-46-5	2027	
51	亚砷酸钾	偏亚砷酸钾	$KAsO_2$	10124-50-2	1678	
52	乙酰亚砷酸铜	祖母绿，翡翠绿，巴黎绿，帝绿，苔绿，维也纳绿，草地绿，翠绿	$C_4H_6As_6Cu_4O_{16}$	12002-03-8	1585	
53	砷酸	原砷酸	H_3AsO_4	7778-39-4	1553 1554	
58	氧氯化磷	氯化磷酰；磷酰氯；三氯氧化磷；三氯化磷酰；三氯氧磷；磷酰三氯	$POCl_3$	10025-87-3	1810	
59	三氯化磷	氯化磷，氯化亚磷	PCl_3	7719-12-2	1809	
60	硫代磷酰氯	硫代氯化磷酰；三氯化硫磷；三氯硫磷	Cl_3PS	3982-91-0	1837	
61	亚硒酸钠	亚硒酸二钠	Na_2SeO_3	10102-18-8	2630	
62	亚硒酸氢钠	重亚硒酸钠	$NaHSeO_3$	7782-82-3	2630	
63	亚硒酸镁		$MgSeO_3$	15593-61-0	2630	
64	亚硒酸		H_2SeO_3	7783-00-8	2630	
65	硒酸钠		Na_2SeO_4	13410-01-0	2630	
66	乙硼烷	二硼烷；硼乙烷	B_2H_6	19287-45-7	1911	
67	癸硼烷	十硼烷；十硼氢	$B_{10}H_{14}$	17702-41-9	1868	
68	戊硼烷	五硼烷	B_5H_9	19624-22-7	1380	
69	氟		F_2	7782-41-4	1045	
70	二氟化氧	一氧化二氟	OF_2	7783-41-7	2190	
71	三氟化氯		ClF_3	7790-91-2	1749	
72	三氟化硼	氟化硼	BF_3	7637-07-2	1008	
73	五氟化氯		ClF_5	13637-63-3	2548	
74	羰基氟	氟化碳酰；氟氧化碳	COF_2	353-50-4	2417	

续上表

序号	中文名称		分子式	CAS 号	UN 号	受限范围
	化学名	别名				
75	氟乙酸钠	氟醋酸钠	$C_2H_2FO_2Na$	62-74-8	2629	Ⅱ
76	二甲胺氰磷酸乙酯	塔崩	$C_5H_{11}N_2O_2P$	77-81-6	2810	Ⅰ
77	O-乙基-S-[2-(二异丙氨基)乙基]甲基硫代磷酸酯	维埃克斯;VXS	$C_{11}H_{26}NO_2PS$	50782-69-9	2810	
78	二(2-氯乙基)硫醚	二氯二乙硫醚;芥子气;双氯乙基硫	$C_4H_8Cl_2S$	505-60-2	2927	Ⅰ
79	甲氟膦酸叔己酯	索曼	$C_7H_{16}FO_2P$	96-64-0	2810	Ⅰ
80	甲基氟膦酸异丙酯	沙林	$C_4H_{10}FO_2P$	107-44-8	2810	Ⅰ
81	甲烷磺酰氟	甲硫酰氟;甲基磺酰氟	CH_3FO_2S	558-25-8	2927	
82	八氟异丁烯	全氟异丁烯	C_4F_8	382-21-8	3162	
83	六氟丙酮	全氟丙酮	C_3OF_6	684-16-2	2420	
84	氯	液氯、氯气	Cl_2	7782-50-5	1017	
85	碳酰氯	光气	$COCl_2$	75-44-5	1076	
86	氯磺酸	氯化硫酸,氯硫酸	$ClSO_3H$	7790-94-5	1754	
87	全氯甲硫醇	三氯硫氯甲烷;过氯甲硫醇;四氯硫代碳酰	CCl_4S	594-42-3	1670	
88	甲基磺酰氯	氯化硫酰甲烷;甲烷磺酰氯	CH_3ClO_2S	124-63-0	3246	
89	O,O′-二甲基硫代磷酰氯	二甲基硫代磷酰氯	$C_2H_6ClO_2PS$	2524-03-0	2267	
90	O,O′-二乙基硫代磷酰氯	二乙基硫代磷酰氯	$C_4H_{10}ClO_2PS$	2524-04-1	2751	
91	双(2-氯乙基)甲胺	氮芥;双(氯乙基)甲胺	$C_5H_{11}Cl_2N$	51-75-2	2810	
92	2-氯乙烯基二氯胂	路易氏剂	$C_2H_2AsCl_3$	541-25-3	2927	Ⅰ
93	苯胂化二氯	二氯苯胂	$C_6H_5AsCl_2$	696-28-6	1556	

续上表

序号	中文名称		分子式	CAS号	UN号	受限范围
	化学名	别名				
94	二苯(基)胺氯胂	吩吡嗪化氯；亚当氏气	$C_{12}H_9AsClN$	578-94-9	1698	
95	三氯三乙胺	氮芥气，氮芥-A	$C_6H_{12}Cl_3N$	555-77-1	2810	I
97	六氯环戊二烯	全氯环戊二烯	C_5Cl_6	77-47-4	2646	
98	六氟-2,3-二氯-2-丁烯	2,3-二氯六氟-2-丁烯	$C_4Cl_2F_6$	303-04-8	2927	
99	二氯化苄	二氯甲(基)苯；苄叉二氯；α,α-二氯甲(基)苯	$C_7H_6Cl_2$	98-87-3	1886	
100	四氧化二氮	二氧化氮，过氧化氮	NO_2	10102-44-0	1067	
101	迭氮(化)钠	三氮化钠	NaN_3	26628-22-8	1687	
102	马钱子碱	二甲氧基士的宁；白路新	$C_{23}H_{26}N_2O_4$	357-57-3	1570	
103	番木鳖碱	二甲氧基马钱子碱；士的宁；士的年	$C_{21}H_{22}N_2O_2$	57-24-9	1692	
104	原藜芦碱A		$C_{41}H_{63}NO_{14}$	143-57-7	1544	
105	乌头碱	附子精	$C_{34}H_{47}NO_{11}$	302-27-2	1544	
106	(盐酸)吐根碱	(盐酸)依米丁	$C_{29}H_{40}N_2O_4 \cdot 2ClH$	316-42-7	1544	
107	藜芦碱	赛丸丁；绿藜芦生物碱	$C_{32}H_{49}NO_9$	8051-02-3	1544	
108	α-氯化筒箭毒碱	氯化南美防己碱；氢氧化吐巴寇拉令碱；氯化箭毒块茎碱；氯化管箭毒碱	$C_{38}H_{44}N_2O_6 \cdot 2Cl$	57-94-3	1544	
109	3-(1-甲基-2-四氢吡咯基)吡啶	烟碱；尼古丁；1-甲基-2-(3-吡啶基)吡咯烷	$C_{10}H_{14}N_2$	54-11-5	1654	
110	4,9-环氧,3-(2-羟基-2-甲基丁酸酯)15-(S)2-甲基丁酸酯,[3β(S),4α,7α,15α(R),16β]-瑟文-3,4,7,14,15,16,20-庚醇	计明胺；胚芽儿碱；计末林碱；杰莫灵	$C_{37}H_{59}NO_{11}$	63951-45-1	1544	

续上表

序号	中文名称		分子式	CAS 号	UN 号	受限范围
	化学名	别名				
111	(2-氨基甲酰氧乙基)三甲基氯化铵	氯化氨甲酰胆碱；卡巴考	$C_6H_{15}ClN_2O_2$	51-83-2	2811	
112	甲基肼	甲基联胺	CH_6N_2	60-34-4	1244	
113	1,1-二甲基肼	二甲基肼[不对称]	$C_2H_8N_2$	57-14-7	1163	
114	1,2-二甲基肼	对称二甲基肼;1,2-亚肼基甲烷	$C_2H_8N_2$	540-73-8	2382	
115	无水肼	无水联胺	H_4N_2	302-01-2	2029	
116	丙腈	乙基氰	C_3H_5N	107-12-0	2404	
117	丁腈	丙基氰；2-甲基丙腈	C_4H_7N	109-74-0	2411	
118	异丁腈	异丙基氰	C_4H_7N	78-82-0	2284	
119	2-丙烯腈	乙烯基氰;丙烯腈	C_3H_3N	107-13-1	1093	
120	甲基丙烯腈	异丁烯腈	C_4H_5N	126-98-7	3079	
121	N,N-二甲基氨基乙腈	2-(二甲氨基)乙腈	$C_4H_8N_2$	926-64-7	2378	
122	3-氯丙腈	β-氯丙腈;氰化-β-氯乙烷	C_3H_4ClN	542-76-7	2810	
123	2-羟基丙腈	乳腈	C_3H_5NO	78-97-7	2810	
124	羟基乙腈	乙醇腈	C_2H_3NO	107-16-4	2810	
125	乙撑亚胺	氮丙环;吖丙啶	C_2H_5N	151-56-4	1185	
126	N-二乙氨基乙基氯	2-氯乙基二乙胺	$C_6H_{14}ClN$	100-35-6	2810	
127	甲基苄基亚硝胺	N-甲基-N-亚磷基苯甲胺	$C_8H_{10}N_2O$	937-40-6	2810	
128	丙撑亚胺	2-甲基氮丙啶;2-甲基乙撑亚胺	C_3H_7N	75-55-8	1921	
129	乙酰替硫脲	1-乙酰硫脲	$C_3H_6N_2OS$	591-08-2	2811	
130	N-乙烯基乙撑亚胺	N-乙烯基氮丙环	C_4H_7N	5628-99-9	2810	
131	六亚甲基亚胺	高哌啶	$C_6H_{13}N$	111-49-9	2493	
132	3-氨基丙烯	烯丙胺	C_3H_7N	107-11-9	2334	

续上表

序号	中文名称		分子式	CAS 号	UN 号	受限范围
	化学名	别名				
133	N-亚硝基二甲胺	二甲基亚硝胺	$C_2H_6N_2O$	62-75-9	2810	
134	碘甲烷	甲基碘	CH_3I	74-88-4	2644	
135	亚硝酸乙酯	亚硝酰乙氧	$C_2H_5NO_2$	109-95-5	1194	
136	四硝基甲烷		CN_4O_8	509-14-8	1510	
137	三氯硝基甲烷	氯化苦，硝基三氯甲烷	CCl_3NO_2	76-06-2	1580	
138	2,4-二硝基(苯)酚	二硝酚；1-羟基2,4-二硝基苯	$C_6H_4N_2O_5$	51-28-5	1320	
139	4,6-二硝基邻甲基苯酚钠	二硝基邻甲酚钠	$C_7H_5N_2O_5Na$	2312-76-7	1348	
140	4,6-二硝基邻甲苯酚	2,4-二硝基邻甲酚	$C_7H_6N_2O_5$	534-52-1	1598	
141	1-氟-2,4-二硝基苯	2,4-二硝基-1-氟苯	$C_6H_3FN_2O_4$	70-34-8	2811	
142	1-氯-2,4-二硝基苯	2,4-二硝基氯苯；4-氯-1,3-二硝基苯；1,3-二硝基-4-氯苯	$C_6H_3ClN_2O_4$	97-00-7	1577	
143	丙烯醛	烯丙醛；败脂醛	C_3H_4O	107-02-8	1092	
144	2-丁烯醛	巴豆醛；β-甲基丙烯醛	C_4H_6O	4170-30-3	1143	
145	一氯乙醛	氯乙醛；2-氯乙醛	C_2H_3ClO	107-20-0	2232	
146	二氯甲酰基丙烯酸	粘氯酸；二氯代丁烯醛酸；糠氯酸	$C_4H_2Cl_2O$	87-56-9	2923	
147	2-丙烯-1-醇	烯丙醇；蒜醇；乙烯甲醇	C_3H_6O	107-18-6	1098	
148	2-巯基乙醇	硫代乙二醇；2-羟基-1-乙硫醇	C_2H_6OS	60-24-2	2966	
149	2-氯乙醇	乙撑氯醇，氯乙醇	C_2H_5ClO	107-07-3	1135	
150	4-己烯-1-炔-3-醇		C_6H_8O	10138-60-0	2810	
151	3,4-二羟基-α-((甲氨基)甲基)苄醇	肾上腺素；副肾碱；副肾素	$C_9H_{13}NO_3$	51-43-4	3249	

续上表

序号	中文名称		分子式	CAS 号	UN 号	受限范围
	化学名	别名				
152	3-氯-1,2-丙二醇	α-氯代丙二醇;3-氯-1,2-二羟基丙烷;α-氯甘油;3-氯代丙二醇	$C_3H_7ClO_2$	96-24-2	2810	
153	丙炔醇	2-丙炔-1-醇;炔丙醇	C_3H_4O	107-19-7	2929	
154	苯(基)硫醇	苯硫酚,巯基苯;硫代苯酚	C_6H_6S	108-98-5	2337	
155	2,5-双(1-吖丙啶基)-3-(2-氨甲酰氧-1-甲氧乙基)-6-甲基-1,4-苯醌	卡巴醌;卡波醌	$C_{15}H_{19}N_3O_5$	24279-91-2	3249	
156	氯甲基甲醚	甲基氯甲醚;氯二甲醚	C_2H_5ClO	107-30-2	1239	
157	二氯(二)甲醚	对称二氯二甲醚	$C_2H_4Cl_2O$	542-88-1	2249	
158	3-丁烯-2-酮	甲基乙烯基(甲)酮;丁烯酮	C_4H_6O	78-94-4	1251	
159	一氯丙酮	氯丙酮;氯化丙酮	C_3H_5ClO	78-95-5	1695	
160	1,3-二氯丙酮	1,3-二氯-2-丙酮	$C_3H_4Cl_2O$	534-07-6	2649	
161	2-氯乙酰苯	苯基氯甲基甲酮;氯苯乙酮;苯酰甲基氯;α-氯苯乙酮	C_8H_7ClO	532-27-4	1697	I
162	1-羟环丁-1-烯-3,4-二酮	半方形酸	$C_4H_2O_3$	31876-38-7	2927	
163	1,1,3,3-四氯丙酮	1,1,3,3-四氯-2-丙酮	$C_3H_2Cl_4O$	632-21-3	2929	

续上表

序号	中文名称		分子式	CAS 号	UN 号	受限范围
	化学名	别名				
164	2-环己烯-1-酮	2-环己烯酮	C_6H_8O	930-68-7	2929	
165	二氧化丁二烯	双环氧乙烷	$C_4H_6O_2$	298-18-0	2929	
166	氟乙酸	氟醋酸	$C_2H_3FO_2$	144-49-0	2642	
167	氯乙酸	一氯醋酸	$C_2H_3ClO_2$	79-11-8	1751	
168	氯甲酸甲酯	氯碳酸甲酯	$C_2H_3O_2Cl$	79-22-1	1238	
169	氯甲酸乙酯	氯碳酸乙酯	$C_3H_5O_2Cl$	541-41-3	1182	
170	氯甲酸氯甲酯		$C_2H_2Cl_2O_2$	22128-62-7	2745	
171	N-(苯乙基-4-哌啶基)丙酰胺柠檬酸盐	枸橼酸芬太尼	$C_{22}H_{28}N_2O \cdot C_6H_8O_7$	990-73-8	1544	
172	碘乙酸乙酯		$C_4H_7IO_2$	623-48-3	2927	
173	3,4-二甲基吡啶	3,4-二甲基氮杂苯	C_7H_9N	583-58-4	2929	
175	4-氨基吡啶	对氨基吡啶；4-氨基氮杂苯；对氨基氮苯；γ-吡啶胺	$C_5H_6N_2$	504-24-5	2671	
176	2-吡咯酮		C_4H_7NO	616-45-5	2810	
177	2,3,7,8-四氯二苯并对二噁英	二噁英	$C_{12}H_4Cl_4O_2$	1746-01-6	2811	
178	羟间唑啉(盐酸盐)		$C_{16}H_{24}N_2O \cdot HCl$	2315-02-8	3249	
179	5-[双(2-氯乙基)氨基]-2,4(1H,3H)嘧啶二酮	尿嘧啶芳芥；嘧啶苯芥	$C_8H_{11}C_{12}N_3O_2$	66-75-1	3249	
180	杜廷	羟基马桑毒内酯；马桑苷	$C_{15}H_{18}O_6$	2571-22-4	3249	
181	氯化二烯丙托锡弗林		$C_{44}H_{50}N_4O_2 \cdot Cl_2$	15180-03-7	3249	
182	5-(氨基甲基)-3-异恶唑醇	3-羟基-5-氨基甲基异噁唑	$C_4H_6N_2O_2$	2763-96-4	1544	

续上表

序号	中文名称		分子式	CAS 号	UN 号	受限范围
	化学名	别名				
183	二硫化二甲基	二甲二硫;甲基化二硫	$C_2H_6S_2$	624-92-0	2381	
184	乙烯砜	二乙烯砜	$C_4H_6O_2S$	77-77-0	2927	
185	N-3-［1-羟基-2-(甲氨基)乙基］苯基甲烷磺酰胺甲磺酸盐	酰胺福林—甲烷磺酸盐	$C_{10}H_{16}N_2O_3S \cdot CH_4O_3S$	1421-68-7	3249	
186	8-(二甲基氨基甲基)-7-甲氧基氨基-3-甲基黄酮	回苏灵;二甲弗林	$C_{20}H_{21}NO_3$	1165-48-6	3249	
187	三-(1-吖丙啶基)氧化膦	涕巴,绝育磷	$C_6H_{12}N_3OP$	545-55-1	2501 2811	
188	O,O-二甲基-O-(1-甲基-2-N-甲基氨基甲酰)乙烯基磷酸酯(含量>25%)*	久效磷;纽瓦克;永伏虫	$C_7H_{14}NO_5P$	6923-22-4	2783	Ⅲ
189	O,O-二乙基-O-(4-硝基苯基)磷酸酯	对氧磷	$C_{10}H_{14}NO_6P$	311-45-5	3018 2783	
190	O,O-二甲基-O-(4-硝基苯基)硫逐磷酸酯(含量>15%)*	甲基对硫磷;甲基1605	$C_8H_{10}NO_5PS$	298-00-0	3018 2783	Ⅲ
191	O-乙基-O-(4-硝基苯基)苯基硫代膦酸酯(含量>15%)*	苯硫磷;伊皮恩	$C_{14}H_{14}NO_4PS$	2104-64-5	3018 2783	
192	O-甲基-O-(邻异丙氧基羰基苯基)硫代磷酰胺酯	水胺硫磷;羧胺磷	$C_{11}H_{16}NO_4PS$	24353-61-5	2783	
193	O-(3-氯-4-甲基-2-氧代-2H-1-苯并吡喃-7-基)-O,O-二乙基硫代磷酸酯(含量>30%)*	蝇毒磷;蝇毒;蝇毒硫磷	$C_{14}H_{16}ClO_5PS$	56-72-4	3018 2783	Ⅲ

续上表

序号	中文名称		分子式	CAS 号	UN 号	受限范围
	化学名	别名				
194	S-(5-甲氧基-4-氧代-4H-吡喃-2-基甲基)-O,O-二甲基硫赶磷酸酯（含量>45%）*	因毒磷;因毒硫磷	$C_9H_{13}O_6PS$	2778-04-3	3018 2783	
195	O-(4-溴-2,5-二氯苯基)-O-甲基苯基硫代膦酸酯	对溴磷;溴苯磷	$C_{13}H_{10}BrCl_2O_2PS$	21609-90-5	2873	
196	S-[2-(乙基磺酰基)乙基]-O,O-二甲基硫代磷酸酯	砜吸磷;二氧吸磷	$C_6H_{15}O_5PS_2$	17040-19-6	2783	
197	O,O-二甲基-S-[(4-氧代-1,2,3-苯并三氮苯-3[4H]-基)甲基二硫代磷酸酯]（含量>20%）*	保棉磷;谷硫磷;谷赛昂;甲基谷硫磷	$C_{10}H_{12}N_3O_3PS_2$	86-50-0	3018 2783	
198	S-[(5-甲氨基-2-氧代-1,3,4-噻二唑-3(2H)-基)甲基]-O,O-二甲基二硫代磷酸酯(含量>40%)*	杀扑磷;麦达西磷,甲塞硫磷	$C_6H_{11}N_2O_4PS_3$	950-37-8	3018 2783	
199	对(5-氨基-3-苯基-1H-1,2,4-三唑-1-基)-N,N,N′,N′-四甲基膦二酰胺（含量>20%）*	威菌磷;三唑磷胺	$C_{12}H_{19}N_6OP$	1031-47-6	3018 2783	
200	二乙基-1,3-亚二硫戊环-2-基磷酰胺酯（含量>15%）*	硫环磷;棉安磷;棉环磷	$C_7H_{14}NO_3PS_2$	947-02-4	3018 2783	Ⅲ
201	O,S-二甲基硫代磷酰胺	甲胺磷;杀螨隆;多灭磷;多灭灵;克螨隆;脱麦隆	$C_2H_8NO_2PS$	10265-92-6	2783	Ⅲ

续上表

序号	中文名称		分子式	CAS 号	UN 号	受限范围
	化学名	别名				
202	O,O-二乙基-S-[(4-氧代-1,2,3,-苯并三氮(杂)苯-3[4H]-基)甲基]二硫代磷酸酯(含量>25%)*	益棉磷;乙基保棉磷;乙基谷硫磷	$C_{12}H_{16}N_3O_3PS_2$	2642-71-9	3018 2783	
204	O-(4-氰苯基)-O-乙基苯基硫代膦酸酯	苯腈磷;苯腈硫磷	$C_{15}H_{14}NO_2PS$	13067-93-1	2783	
205	2-氯-3-(二乙氨基)-1-甲基-3-氧代-1-丙烯二甲基磷酸酯(含量>30%)*	磷胺;大灭虫	$C_{10}H_{19}ClNO_5P$	13171-21-6	3018	Ⅲ
206	甲基3-[(二甲氧基磷酰基)氧代]-2-丁烯酸酯(含量>5%)*	速灭磷;磷君	$C_7H_{13}O_6P$	7786-34-7	3018	
207	双(1-甲基乙基)氟磷酸酯	丙氟磷;异丙氟;二异丙基氟磷酸酯	$C_6H_{14}FO_3P$	55-91-4	3018	
208	2-氯-1-(2,4-二氯苯基)乙烯基二乙基磷酸酯(含量>20%)*	杀螟畏;毒虫畏	$C_{12}H_{14}Cl_3O_4P$	470-90-6	3018	
209	3-二甲氧基磷氧基-N,N-二甲基异丁烯酰胺(含量>25%)*	百治磷;百特磷	$C_8H_{16}NO_5P$	141-66-2	3018	
210	O,O-二甲基-O-1,3-(二甲氧甲酰基)丙烯-2-基磷酸酯	保米磷	$C_9H_{15}O_8P$	122-10-1	3018	

续上表

序号	中文名称		分子式	CAS 号	UN 号	受限范围
	化学名	别名				
211	四乙基焦磷酸酯	特普	$C_8H_{20}O_7P_2$	107-49-3	3018	
212	O,O-二乙基-O-(4-硝基苯基)硫代磷酸酯(含量>4%)*	对硫磷;1605;乙基对硫磷;一扫光	$C_{10}H_{14}NO_5PS$	56-38-2	3018	Ⅲ
213	O-乙基-O-(2-异丙氧羰基)-苯基-N-异丙基硫逐磷酰胺	丙胺磷;异丙胺磷;乙基异柳磷;异柳磷2号	$C_{15}H_{24}NO_4PS$	25311-71-1	3018	
214	O-甲基-O-(2-异丙氧基羰基)苯基-N-异丙基硫代磷酰胺	甲基异柳磷;异柳磷1号	$C_{14}H_{22}O_4NPS$	99675-03-3	3018	Ⅲ
215	O,O-二乙基-O-[2-(乙硫基)乙基]硫代磷酸酯和O,O-二乙基-S-[2-(乙硫基)乙基]硫代磷酸酯混剂(含量>3%)*	内吸磷;杀虱多;1059	$C_8H_{19}O_3PS_2$	8065-48-3	3018	Ⅲ
216	O,O-二乙基-O-[(4-甲基亚磺酰)苯基]硫代磷酸酯(含量>4%)*	丰索磷;丰索硫磷;线虫磷	$C_{11}H_{17}O_4PS_2$	115-90-2	3018	
217	O,O-二甲基-S-[2-(甲氨基)-2-氧代乙基]硫代磷酸酯(含量>40%)*	氧乐果;氧化乐果;华果	$C_5H_{12}NO_4PS$	1113-02-6	3018	
218	O-乙基-O-2,4,5-三氯苯基乙基硫代磷酸酯(含量>30%)*	毒壤磷;壤虫磷	$C_{10}H_{12}Cl_3O_2PS$	327-98-0	3018	

续上表

序号	中文名称		分子式	CAS 号	UN 号	受限范围
	化学名	别名				
219	O-[2,5-二氯-4-(甲硫基)苯基]-O,O-二乙基硫代磷酸酯	氯甲硫磷；西拉硫磷	$C_{11}H_{15}Cl_2O_3PS_2$	21923-23-9	3018	
220	S-{2-[(1-氰基-1-甲基乙基)氨基]-2-氧代乙基}-O,O-二乙基硫代磷酸酯	果虫磷;腈果	$C_{10}H_{19}N_2O_4PS$	3734-95-0	3018	
221	O,O-二乙基-O-吡嗪基硫代磷酸酯(含量>5%)*	治线磷;治线灵;硫磷嗪;嗪线磷	$C_8H_{13}N_2O_3PS$	297-97-2	3018	
222	O,O-二甲基-O-或S-[2-(甲硫基)乙]硫代磷酸酯	田乐磷	$C_5H_{13}O_3PS_2$	2587-90-8	3018	
223	二甲基-4-(甲基硫代)苯基磷酸酯	甲硫磷;GC6505	$C_9H_{13}O_4PS$	3254-63-5	3018	
224	O,O-二乙基-S-[(乙硫基)甲基]二硫代磷酸酯(含量>2%)*	甲拌磷；3911；西梅脱	$C_7H_{17}O_2PS_3$	298-02-2	3018	Ⅲ
225	O,O-二乙基-S-[2-(乙硫基)乙基]二硫代磷酸酯(含量>15%)*	乙拌磷;敌死通	$C_8H_{19}O_2PS_3$	298-04-4	3018	
226	S-{[(4-氯苯基)硫代]甲基}-O,O-二乙基二硫代磷酸酯(含量>20%)*	三硫磷;三赛昂	$C_{11}H_{16}ClO_2PS_3$	786-19-6	3018	
227	S-{[(1,1-二甲基乙基)硫化]甲基}-O,O-二乙基二硫代磷酸酯	特丁磷;特丁硫磷	$C_9H_{21}O_2PS_3$	13071-79-9	3018	Ⅲ

续上表

序号	中文名称		分子式	CAS号	UN号	受限范围
	化学名	别名				
228	O-乙基-S-苯基乙基二硫代膦酸酯（含量>6%）*	地虫磷；地虫硫磷	$C_{10}H_{15}OPS_2$	944-22-9	3018	Ⅲ
229	O,O,O,O-四乙基-S,S′-亚甲基双（二硫代磷酸酯）（含量>25%）*	乙硫磷；1240蚜螨立死；益赛昂；易赛昂；乙赛昂；蚜螨	$C_9H_{22}O_4P_2S_4$	563-12-2	3018	
230	S-氯甲基-O,O-二乙基二硫代磷酸酯（含量>15%）*	氯甲磷；灭尔磷	$C_5H_{12}ClO_2PS_2$	24934-91-6	3018	
231	S-（N-乙氧羰基-N-甲基-氨基甲酰甲基）O,O-二乙基二硫代磷酸酯（含量>30%）*	灭蚜磷；灭蚜硫磷	$C_{10}H_{20}NO_5PS_2$	2595-54-2	3018	
232	二乙基（4-甲基-1,3-二硫戊环-2-叉氨基）磷酸酯（含量>5%）*	地安磷；二噻磷	$C_8H_{16}NO_3PS_2$	950-10-7	3018	
233	O,O-二乙基-S-（乙基亚砜基甲基）二硫代磷酸酯	保棉丰；甲拌磷亚砜；异亚砜；3911亚砜	$C_7H_{17}O_3PS_3$	2588-03-6	3018	
234	O,O-二乙基-S-（N-异丙基氨基甲酰甲基）二硫代磷酸酯（含量>15%）*	发果；亚果；乙基乐果	$C_9H_{20}NO_3PS_2$	2275-18-5	3018	
235	O,O-二乙基-S-[2-（乙基亚硫酰基）乙基]二硫代磷酸酯（含量>5%）*	砜拌磷；乙拌磷亚砜	$C_8H_{19}O_3PS_3$	2497-07-6	3018	

续上表

序号	中文名称		分子式	CAS 号	UN 号	受限范围
	化学名	别名				
236	1,4-二噁烷-2,3-二基-S,S′-双(O,O-二乙基二硫代磷酸酯)(含量>40%)*	敌杀磷;敌恶磷;二恶硫磷	$C_{12}H_{26}O_6P_2S_4$	78-34-2	3018	
237	双(二甲氨基)氟代磷酰(含量>2%)*	甲氟磷;四甲氟	$C_4H_{12}FN_2OP$	115-26-4	3018	
238	二甲基-1,3-亚二硫戊环-2-基磷酰胺酸	甲基硫环磷	$C_5H_{10}NO_3PS_2$		3018	Ⅲ
239	O,O-二乙基-N-(1,3-二噻丁环-2-亚基磷酰胺)	伐线丹;丁硫环磷	$C_6H_{12}NO_3PS_2$	21548-32-3	3018	
240	八甲基焦磷酰胺	八甲磷;希拉登	$C_8H_{24}N_4O_3P_2$	152-16-9	3018	
241	S-[2-氯-1-(1,3-二氢-1,3-二氧代-2H-异吲哚-2-基)乙基]-O,O-二乙基二硫代磷酸酯	氯亚磷;氯甲亚胺硫磷	$C_{14}H_{17}ClNO_4PS_2$	10311-84-9	2783	
242	O-乙基-O-(3-甲基-4-甲硫基)苯基-N-异丙氨基磷酸酯	苯线磷;灭线磷;力满库;苯胺磷;克线磷	$C_{13}H_{22}NO_3PS$	22224-92-6	3018	Ⅲ
243	O,O-二甲基-对硝基苯基磷酸酯	甲基对氧磷	$C_8H_{10}NO_6P$	950-35-6	3018	
244	S-[2-(二乙氨基)乙基]O,O-二乙基硫赶磷酸酯	胺吸磷;阿米吨	$C_{10}H_{24}NO_3PS$	78-53-5	3018	
245	O,O-二乙基-O-(2-氯乙烯基)磷酸酯	敌敌磷;棉花宁	$C_6H_{12}ClO_4P$	311-47-7	2784	

续上表

序号	中文名称		分子式	CAS 号	UN 号	受限范围
	化学名	别名				
246	O,O-二乙基-O-(2,2-二氯-1-β-氯乙氧基乙烯基)磷酸酯	福太农;彼氧磷	$C_8H_{14}Cl_3O_5P$	67329-01-5	2784	
247	O,O-二乙基-O-(4-甲基香豆素基-7)硫代磷酸酯	扑打杀;扑打散	$C_{14}H_{17}O_5PS$	299-45-6	2811	
248	S-[2-(乙基亚磺酰基)乙基]-O,O-二甲基硫代磷酸酯	砜吸磷;甲基内吸磷亚砜	$C_6H_{15}O_4PS_2$	301-12-2	3018	
249	O,O-二-4-氯苯基-N-亚氨逐乙酰基硫逐磷酰胺酯	毒鼠磷	$C_{14}H_{13}Cl_2N_2O_2PS$	4104-14-7	2783	
250	O,O-二乙基-O-(6-二乙胺次甲基-2,4-二氯)苯基硫代磷酸酯盐酸盐	除鼠磷 206	$C_{15}H_{24}Cl_2NPSO_3 \cdot HCl$		2588	
251	四磷酸六乙酯	乙基四磷酸酯	$C_{12}H_{30}O_{13}P_4$	757-58-4	1611	
252	O,O-二甲基-O-(2,2-二氯)-乙烯基磷酸酯(含量>80%)*	敌敌畏	$C_4H_7Cl_2O_4P$	62-73-7	3018	
253	O,O-二甲基-O-(3-甲基-4-硝基苯基)硫代磷酸酯(含量>10%)*	杀螟硫磷;杀螟松;杀螟磷;速灭虫;速灭松;苏米松;苏米硫磷	$C_9H_{12}NO_5PS$	122-14-5	3018	
254	O,O-二乙基-O-1-苯基-1,2,4-三唑-3-基硫代磷酸酯	三唑磷;三唑硫磷	$C_{12}H_{16}N_3O_3PS$	24017-47-8	3018	

续上表

序号	中文名称		分子式	CAS 号	UN 号	受限范围
	化学名	别名				
255	S-2-乙基硫代乙基-O,O-二甲基二硫代磷酸酯	甲基乙拌磷;二甲硫吸磷;M-81,蚜克丁	$C_6H_{15}O_2PS_3$	640-15-3	3018	
256	S-α-乙氧基羰基苄基-O,O-二甲基二硫代磷酸酯	稻丰散;甲基乙酸磷;益尔散;S-2940;爱乐散;益尔散	$C_{12}H_{17}O_4PS_2$	2597-03-7	2783 3018	
257	O,O-二甲基-S-[1,2-二(乙氧基羰基)乙基]二硫代磷酸酯	马拉硫磷;马拉松;马拉赛昂	$C_{10}H_{19}O_6PS_2$	121-75-5	3018	
258	O,O-二乙基-S-(对硝基苯基)硫代磷酸酯	硫代磷酸 O,O-二乙基-S-(4-硝基苯基)酯	$C_{10}H_{14}NO_5PS$	3270-86-8	3018	
259	3,3-二甲基-1-(甲硫基)-2-丁酮-O-(甲基氨基)碳酰肟	己酮肟威;敌克威;庚硫威;特氨叉威;久效威;肟吸威	$C_9H_{18}N_2O_2S$	39196-18-4	2771	
260	4-二甲基氨基间甲苯基甲基氨基甲基酸酯	灭害威	$C_{11}H_{16}N_2O_2$	2032-59-9	2757	
261	1-(甲硫基)亚乙基氨甲基氨基甲酸酯(含量>30%)*	灭多威;灭多虫;灭索威;乙肟威	$C_5H_{10}N_2O_2S$	16752-77-5	2771	
262	2,3-二氢-2,2-二甲基-7-苯并呋喃基-N-甲基氨基甲酸酯(含量>10%)*	克百威;呋喃丹;卡巴呋喃;虫螨威	$C_{12}H_{15}NO_3$	1563-66-2	2757	Ⅲ
263	4-二甲氨基-3,5-二甲苯基-N-甲基氨基甲酸酯(含量>25%)*	自克威;兹克威	$C_{12}H_{18}N_2O_2$	315-18-4	2757	

续上表

序号	中文名称		分子式	CAS 号	UN 号	受限范围
	化学名	别名				
264	3-二甲胺基甲撑亚氨基苯基-N-甲氨基甲酸酯（或盐酸盐）（含量>40%）*	伐虫脒;抗螨脒	$C_{11}H_{15}N_3O_2 \cdot HCl$	23422-53-9	2757	
265	2-氰乙基-N-{[（甲氨基）羰基]氧基}硫代乙烷亚氨	抗虫威;多防威	$C_7H_{11}N_3O_2S$	25171-63-5	2771	
266	挂-3-氯桥-6-氰基-2-降冰片酮-O-（甲基氨基甲酰基）肟	肟杀威;棉果威	$C_{10}H_{12}ClN_3O_2$	15271-41-7	2757	
267	3-异丙基苯基-N-氨基甲酸甲酯	间异丙威;虫草灵;间位叶蝉散	$C_{11}H_{15}NO_2$	64-00-6	2757	
268	N,N-二甲基-α-甲基氨基甲酰基氧代亚氨-α-甲硫基乙酰胺	杀线威;草肟威;甲氨叉威	$C_7H_{13}N_3O_3S$	23135-22-0	2757	
269	2-二甲基氨基甲酰基-3-甲基-5-吡唑基N,N-二甲基氨基甲酸酯(含量>50%)*	敌蝇威	$C_{10}H_{16}N_4O_3$	644-64-4	2757	
270	O-（甲基氨基甲酰基)-2-甲基-2-甲硫基丙醛肟	涕灭威;丁醛肟威;涕灭克;铁灭克	$C_7H_{14}N_2O_2S$	116-06-3	2771	Ⅲ
271	4,4-二甲基-5-（甲基氨基甲酰氧亚氨基）戊腈	腈叉威;戊氰威	$C_9H_{15}Cl_2N_3O_2$	58270-08-9	2757	
272	2,3-（异丙撑二氧）苯基-N-甲基氨基甲酸酯(含量>65%）*	恶虫威;苯恶威	$C_{11}H_{13}NO_4$	22781-23-3	2757	

续上表

序号	中文名称		分子式	CAS号	UN号	受限范围
	化学名	别名				
273	1-异丙基-3-甲基-5-吡唑基-N,N-二甲基氨基甲酸酯(含量>20%)*	异索威;异兰;异索兰	$C_{10}H_{17}N_3O_2$	119-38-0	2992	
274	α-氰基-3-苯氧苄基-2,2,3,3四甲基环丙烷羧酸酯(含量>20%)*	甲氰菊酯;农螨丹、灭扫利	$C_{22}H_{23}NO_3$	39515-41-8	2588	
275	α-氰基-苯氧基苄基(1R,3R)-3-(2,2-二溴乙烯基)-2,2-二甲基环丙烷羧酸酯	溴氰菊酯;敌杀死;凯素灵、凯安宝、天马、骑士、金鹿、保棉丹、康素灵、增效百虫灵	$C_{22}H_{19}Br_2NO_3$	52918-63-5	2588	
276	β-[2-(3,5-二甲基-2-氧代环已基)-2-羟基乙基]-戊二酰亚胺	放线菌酮;放线酮;农抗101	$C_{15}H_{23}NO_4$	66-81-9	2588	
277	2,4-二硝基-3-甲基-6-叔丁基苯基乙酸酯(含量>80%)*	地乐施;甲基特乐酯	$C_{13}H_{16}N_2O_6$	2487-01-6	2779	
278	2-(1,1-二甲基乙基)-4,6-二硝酚(含量>50%)*	特乐酚;二硝叔丁酚;异地乐酚;地乐消酚	$C_{10}H_{12}N_2O_5$	1420-07-1	2779	
279	3-(1-甲基-2-四氢吡咯基)吡啶硫酸盐	硫酸化烟碱	$C_{20}H_{28}N_4 \cdot SO_4$	65-30-5	1658	
280	2-(1-甲基丙基)-4,6-二硝酚(含量>5%)*	地乐酚;二硝(另)丁酚;二仲丁基-4,6-二硝基苯酚	$C_{10}H_{12}N_2O_5$	88-85-7	2779	

续上表

序号	中文名称		分子式	CAS 号	UN 号	受限范围
	化学名	别名				
281	4-(二甲胺基)苯重氮磺酸钠	敌磺钠;敌克松;对二甲基氨基苯重氮磺酸钠;地爽;地可松	$C_8H_{10}N_3O_3SNa$	140-56-7	2588	
282	2,4,6-三亚乙基氨基-1,3,5-三嗪	三亚乙基密胺;不膏津	$C_9H_{12}N_6$	51-18-3	3249	
283	二硫代焦磷酸四乙酯	治螟磷;硫特普;触杀灵;苏化 203;治螟灵	$C_8H_{20}O_5P_2S_2$	3689-24-5	1704	Ⅲ
284	硫酸(二)甲酯	硫酸甲酯	$C_2H_6O_4S$	77-78-1	1595	
285	6,7,8,9,10,10-六氯-1,5,5a,6,9,9a-六氢-6,9-甲撑-2,4,3-苯并二氧硫庚-3-氧化物(含量>80%)*	硫丹;1,2,3,4,7,7-六氯双环[2,2,1]庚烯-(2)-双羟甲基-5,6-亚硫酸酯	$C_9H_6Cl_6O_3S$	115-29-7	2761	
286	乙酸苯汞	赛力散;裕米农;龙汞	$C_8H_8HgO_2$	62-38-4	1674	
287	氯化乙基汞	西力生	C_2H_5ClHg	107-27-7	2025	
288	磷酸二乙基汞	谷乐生;谷仁乐生;乌斯普龙汞制剂	$C_2H_7HgO_4P$	2235-25-8	2025	
289	乳酸苯汞三乙醇铵		$C_{12}H_{20}HgNO_3 \cdot C_3H_5O_3$	23319-66-6	2026	
290	氰胍甲汞	氰甲汞胍	$C_3H_6HgN_4$	502-39-6	2025	
291	氟乙酰胺	敌蚜胺;氟素儿	C_2H_4FNO	640-19-7	2811	
292	2-氟乙酰苯胺	灭蚜胺	C_8H_8FNO	330-68-7	2588	
293	氟乙酸-2-苯酰肼	法尼林	$C_8H_9FN_2O$	2343-36-4	2588	
294	二氯四氟丙酮	对称二氯四氟丙酮;敌锈酮;1,3-二氯-1,1,3,3,-四氟-2-丙酮	$C_3Cl_2F_4O$	127-21-9	2810	

续上表

序号	中文名称		分子式	CAS 号	UN 号	受限范围
	化学名	别名				
295	三苯基羟基锡(含量>20%)*	毒菌锡	$C_{18}H_{16}OSn$	76-87-9	2786	
296	1,2,3,4,10,10-六氯-1,4,4a,5,8,8a-六氢-1,4:5,8-桥,挂-二甲撑萘(含量>75%)*	艾氏剂;化合物-118;六氯-六氢-二甲撑萘	$C_{12}H_8Cl_6$	309-00-2	2761	Ⅱ
297	1,2,3,4,10,10-六氯-1,4,4a,5,8,8a-六氢-1,4-挂-5,8-挂二亚甲基萘(含量>10%)*	异艾氏剂	$C_{12}H_8Cl_6$	465-73-6	2761	
298	1,2,3,4,10,10-六氯-6,7-环氧-1,4,4a,5,6,7,8,8a-八氢-1,4-桥-5,8-挂二亚甲基萘	狄氏剂;化合物-497	$C_{12}H_8Cl_6O$	60-57-1	2761	Ⅱ
299	1,2,3,4,10,10-六氯-6,7-环氧-1,4,4a,5,6,7,8,8a-八氢-1,4-挂-5,8-二亚甲基萘(含量>5%)*	异狄氏剂	$C_{12}H_8Cl_6O$	72-20-8	2761	
300	1,3,4,5,6,7,8,8-八氯-1,3,3a,4,7,7a-六氢-4,7-甲撑异苯并呋喃(含量>1%)*	碳氯灵;八氯六氢亚甲基异苯并呋喃;碳氯特灵	$C_9H_4Cl_8O$	297-78-9	2761	
301	1,4,5,6,7,8,8-七氯-3a、4、7、7a-四氢-4,7-甲撑-H-茚(含量>8%)*	七氯;七氯化茚	$C_{10}H_5Cl_7$	76-44-8	2761	Ⅰ
302	五氯苯酚(含量>5%)*	五氯酚	C_6HCl_5O	87-86-5	3155	Ⅰ
303	五氯酚钠		C_6Cl_5ONa	131-52-2	2567	
304	八氯莰烯(含量>3%)*	毒杀芬、氯化莰	$C_{10}H_{10}Cl_8$	8001-35-2	2761	Ⅰ

续上表

序号	中文名称		分子式	CAS 号	UN 号	受限范围
	化学名	别名				
305	3-(α-乙酰甲基糠基)-4-羟基香豆素（含量>80%）*	克灭鼠；呋杀鼠灵；克杀鼠	$C_{17}H_{14}O_5$	117-52-2	3027	
306	3-(1-丙酮基苄基)-4-羟基香豆素（含量>2%）*	杀鼠灵；华法灵；灭鼠灵	$C_{19}H_{16}O_4$	81-81-2	3027	
307	4-羟基-3-(1,2,3,4-四氢-1-萘基)香豆素	杀鼠迷；立克命	$C_{19}H_{16}O_3$	5836-29-3	3027	
308	3-[3-(4′-溴联苯-4-基)-1,2,3,4-四氢-1-萘基]-4-羟基香豆素	溴联苯杀鼠迷；大隆杀鼠剂；大隆；溴敌拿鼠；溴鼠隆	$C_{31}H_{23}BrO_3$	56073-10-0	3027	
309	3-(3-对二苯基-1,2,3,4-四氢萘基-1-基)-4-羟基-2H-1-苯并吡喃-2-酮	敌拿鼠；鼠得克；联苯杀鼠奈	$C_{31}H_{24}O_3$	56073-07-5	3027	
310	3-吡啶甲基-N-(对硝基苯基)-氨基甲酸酯	灭鼠安	$C_{13}H_{11}N_3O_4$	51594-83-3	2757	
311	2-(2,2-二苯基乙酰基)-1,3-茚满二酮（含量>2%）*	敌鼠；野鼠净	$C_{23}H_{16}O_3$	82-66-6	2588	
312	2-[2-(4-氯苯基)-2-苯基乙酰基]茚满-1,3-二酮（含量>4%）*	氯鼠酮；氯敌鼠	$C_{23}H_{15}ClO_3$	3691-35-8	2761	
313	3,4-二氯苯偶氮硫代氨基甲酰胺	普罗米特；灭鼠丹；扑灭鼠	$C_7H_6Cl_2N_4S$	5836-73-7	2757	
314	1-(3-吡啶基甲基)-3-(4-硝基苯基)脲	灭鼠优；抗鼠灵；抗鼠灭	$C_{13}H_{12}N_4O_3$	53558-25-1	2588	

续上表

序号	中文名称		分子式	CAS 号	UN 号	受限范围
	化学名	别名				
315	1-萘基硫脲	安妥;α-萘基硫脲	$C_{11}H_{10}N_2S$	86-88-4	1651	
316	2,6-二噻-1,3,5,7-四氮三环-[3,3,1,1,3,7]癸烷-2,2,6,6-四氧化物	没鼠命;毒鼠强;四二四	$C_4H_8N_4O_4S_2$	80-12-6	2588	Ⅱ
317	2-氯-4-二甲氨基-6-甲基嘧啶(含量>2%)*	鼠立死;杀鼠嘧啶	$C_7H_{10}ClN_3$	535-89-7	2588	
318	5-(α-羟基-α-2-吡啶基苯基)-7(α-2-吡啶基苄叉)-5-降冰片烯-2,3-二甲酰亚胺	鼠特灵;鼠克星;灭鼠宁	$C_{33}H_{25}N_3O_3$	911-42-4	2588	
319	1-氯-3-氟-2-丙醇与1,3-二氟-2-丙醇的混合物	鼠甘伏;鼠甘氟;甘氟;甘伏;伏鼠醇	$C_3H_6ClFO \cdot C_3H_6F_2O$	8065-71-2	2588	Ⅱ
320	4-羟基-3-{1,2,3,4-四氢-3-[4-〔<4-(三氟甲基)苯基甲氧基>苯基〕-1-萘基]}-2H-1-苯并吡喃-2-酮	杀它仗	$C_{33}H_{25}F_3O_4$	90035-08-8	3027	
321	3-[3,4′-溴(1,1′-联苯)-4-基]-3-羟基-1-苯丙基-4-羟基-2H-1-苯并吡喃-2-酮	溴敌隆;乐万福	$C_{30}H_{23}BrO_4$	28772-56-7	3027	
322	海葱糖甙	红海葱甙	$C_{32}H_{44}O_{12}$	507-60-8	2810	
323	地高辛	地戈辛;毛地黄叶毒苷	$C_{41}H_{64}O_{14}$	20830-75-5		
324	花青甙	矢车菊甙	$C_{12}H_{10}ClN_3S$	581-64-6		
325	甲藻毒素(二盐酸盐)	石房蛤毒素(盐酸盐)	$C_{10}H_{17}N_7O_4$	35523-89-8		

续上表

序号	中文名称		分子式	CAS 号	UN 号	受限范围
	化学名	别名				
326	放线菌素 D		$C_{62}H_{86}N_{12}O_{16}$	50-76-0	3249	
327	放线菌素		$C_{14}H_{58}N_8O_{11}$	1402-38-6		
328	甲基狄戈辛		$C_{42}H_{66}O_{14}$	30685-43-9		
329	赭曲毒素	棕曲霉毒素		37203-43-3		
330	赭曲毒素 A	棕曲霉毒素 A	$C_{20}H_{18}ClNO_6$	303-47-9		
331	左旋溶肉瘤素	左旋苯丙氨酸氮芥;米尔法兰	$C_{13}H_{18}Cl_2N_2O_2$	148-82-3		
332	抗霉素 A		$C_{28}H_{40}N_2O_9$	1397-94-0	3172	
333	木防己苦毒素	苦毒浆果[木防己属]	$C_{30}H_{34}O_{13}$	124-87-8	1584	
334	镰刀菌酮 X		$C_{17}H_{22}O_8$	23255-69-8		
335	丝裂霉素 C	自力霉素	$C_{15}H_{18}N_4O_5$	50-07-7	3249	

注:英文名称略。

附录 3　关于印发《剧毒化学品目录(2002 年版)补充和修正表》的通知(安监管危化字〔2003〕196 号)

关于印发《剧毒化学品目录(2002 年版)补充和修正表》的通知

各省、自治区、直辖市安全监督、公安、环保、卫生、质检、交通部门,各铁路、民航局,中央管理有关企业:

根据《危险化学品安全管理条例》(国务院令第 344 号)的规定,国家安全生产监督管理局、公安部、国家环境保护总局、卫生部、国家质量监督检验检疫总局、铁道部、交通部和中国民用航空总局于 2003 年 6 月 24 日联合发布公告,公布了《剧毒化学品目录》(2002 年版)。根据各地区、各部门在执行过程中提出的意见和建议,我们对《剧毒化学品目录》(2002 年版)进行了补充和修正。现将《剧毒化学品目录(2002 年版)补充和修正表》印发给你们,请遵照执行,并由各地安全生产监督管理部门通知辖区内所有剧毒化学品从业单位。

安全监管局
公安部
环保总局
卫生部
质检总局
铁道部
交通部
民航总部
二〇〇三年十二月三十日

剧毒化学品目录(2002 年版)补充和修正表

序号	中文名称		分子式	CAS 号	UN 号	受限范围
	化学名	别名				
54	砷酸钙	砷酸三钙	$Ca_3(AsO_4)_2$	7778-44-1	1573	
55	砷酸铜		$Cu_3(AsO_4)_2 \cdot 4H_2O$	13478-34-7		
56	磷化氢	磷化三氢;膦	PH_3	7803-51-2	2199	
57	黄磷	白磷	P	7723-14-0	2447	
96	氯代膦酸二乙酯	氯化磷酸二乙酯	$C_4H_{10}ClO_3P$	814-49-3		
174	2-氯吡啶		C_5H_4ClN	109-09-1	2822	
203	O-(4-((二甲氨基)磺酰基)苯基)O,O-二甲基硫代磷酸酯	氨磺磷;伐灭磷;伐灭硫磷	$C_{10}H_{16}NO_5PS_2$	52-85-7	2783	
291	氟乙酰胺	敌蚜胺;氟素儿	C_2H_4FNO	640-19-7	2811	Ⅱ
301	1,4,5,6,7,8,8-七氯-3a、4、7、7a-四氢-4、7-甲撑-H-茚(含量>8%)*	七氯、七氯化茚	$C_{10}H_3Cl_7$	76-44-8	2761	Ⅰ
302	五氯苯酚	五氯酚	C_6HCl_5O	87-86-5		Ⅰ
303	五氯酚钠(含量>5%)*		C_6Cl_5ONa	131-52-2	2567	
304	八氯莰烯(含量>3%)*	毒杀芬、氯化莰	$C_{10}H_{10}Cl_8$	8001-35-2		Ⅰ

注:英文名称略。

附录4 《易制爆危险化学品名录》(2011年版)

易制爆危险化学品名录(2011年版)

序号	中文名称	英文名称	主要的燃爆危险性分类	CAS号	UN号
1 高氯酸、高氯酸盐及氯酸盐					
1.1	高氯酸[含酸50%~72%]	PERCHLORIC ACID	氧化性液体,类别1	7601-90-3	1873
1.2	氯酸钾	POTASSIUM CHLORATE	氧化性固体,类别1	3811-04-9	1485
1.3	氯酸钠	SODIUM CHLORATE	氧化性固体,类别1	7775-09-9	1495
1.4	高氯酸钾	POTASSIUM PERCHLORATE	氧化性固体,类别1	7778-74-7	1489
1.5	高氯酸锂	LITHIUM PERCHLORATE	氧化性固体,类别1	7791-3-9	
1.6	高氯酸铵	AMMONIUM PERCHLORATE	爆炸物,1.1项 氧化性固体,类别1	7790-98-9	1442
1.7	高氯酸钠	SODIUM PERCHLORATE	氧化性固体,类别1	7601-89-0	1502
2 硝酸及硝酸盐类					
2.1	硝酸[含硝酸≥70%]	NITRIC ACID	金属腐蚀物,类别1 氧化性液体,类别1	7697-37-2	2031
2.2	硝酸钾	POTASSIUM NITRATE	氧化性固体,类别3	7757-79-1	1486
2.3	硝酸钡	BARIUM NITRATE	氧化性固体,类别2	10022-31-8	1446
2.4	硝酸锶	STRONTIUM NITRATE	氧化性固体,类别3	10042-76-9	1507
2.5	硝酸钠	SODIUM NITRATE	氧化性固体,类别3	7631-99-4	1498
2.6	硝酸银	SILVER NITRATE	氧化性固体,类别2	7761-88-8	1493
2.7	硝酸铅	LEAD NITRATE	氧化性固体,类别2	10099-74-8	1469
2.8	硝酸镍	NICKEL NITRATE	氧化性固体,类别2	14216-75-2	2725
2.9	硝酸镁	MAGNESIUM NITRATE	氧化性固体,类别3	10377-60-3	1474

续上表

序号	中文名称	英文名称	主要的燃爆危险性分类	CAS号	UN号
2.10	硝酸钙	CALCIUM NITRATE	氧化性固体,类别3	10124-37-5	1454
2.11	硝酸锌	ZINC NITRATE	氧化性固体,类别2	7779-88-6	1514
2.12	硝酸铯	CAESIUM NITRATE	氧化性固体,类别3	7789-18-6	1451
		3　硝基类化合物			
3.1	硝基甲烷	NITROMETHANE	易燃液体,类别3	75-52-5	1261
3.2	硝基乙烷	NITROETHANE	易燃液体,类别3	79-24-3	2842
3.3	硝化纤维素				
3.3.1	硝化纤维素[干的或含水(或乙醇)<25%]	NITROCELLULOSE, DRY OR WETTED WITH WATER (OR ALCOHOL)	爆炸物,1.1项	9004-70-0	340
3.3.2	硝化纤维素[含增塑剂<18%]	NITROCELLULOSE WITH PLASTICIZING SUBSTANCE	爆炸物,1.1项	9004-70-0	341
3.3.3	硝化纤维素[含乙醇≥25%]	NITROCELLULOSE WITH ALCOHOL	爆炸物,1.3项	9004-70-0	342
3.3.4	硝化纤维素[含水≥25%]	NITROCELLULOSE WITH WATER	易燃固体,类别1		2555
3.3.5	硝化纤维素[含氮≤12.6%,含乙醇≥25%]	NITROCELLULOSE WITH ALCOHOL,NOT MORETHAN 12.6% NITROGEN	易燃固体,类别1		2556
3.3.6	硝化纤维素[含氮≤12.6%,含增塑剂≥18%]	NITROCELLULOSE WITH PLASTICIZING SUBSTANCE, NOT MORETHAN 12.6% NITROGEN	易燃固体,类别1		2557
3.4	硝基萘类化合物	NITRONAPHTHALENES			
3.5	硝基苯类化合物	NITROBENZENES			
3.6	硝基苯酚(邻、间、对)类化合物	NITROPHENOLS(O-,M-,P-)			
3.7	硝基苯胺类化合物	NITROANILINES			

续上表

序号	中文名称	英文名称	主要的燃爆危险性分类	CAS 号	UN 号
3.8	2,4-二硝基甲苯	2,4-DINITROTOLUENE		121-14-2	2038
	2,6-二硝基甲苯	2,6-DINITROTOLUENE		606-20-2	1600
3.9	二硝基(苯)酚[干的或含水<15%]	DINITROPHENOL	爆炸物,1.1 项	25550-58-7	76
3.10	二硝基(苯)酚碱金属盐[干的或含水<15%]	DINITROPHENOLATES	爆炸物,1.3 项		77
3.11	二硝基间苯二酚[干的或含水<15%]	DINITRORESSORCINOL	爆炸物,1.1 项	519-44-8	78
4 过氧化物与超氧化物					
4.1	过氧化氢溶液				
4.1.1	过氧化氢溶液[含量≥70%]	HYDROGEN PEROXIDE SOLUTION	氧化性液体,类别 1	7722-84-1	2015
4.1.2	过氧化氢溶液[70%>含量≥50%]	HYDROGEN PEROXIDE SOLUTION	氧化性液体,类别 2	7722-84-1	2014
4.1.3	过氧化氢溶液[50%>含量≥27.5%]	HYDROGEN PEROXIDE SOLUTION	氧化性液体,类别 3	7722-84-1	2014
4.2	过氧乙酸	PEROXYACETIC ACID	易燃液体,类别 3 有机过氧化物 D 型	79-21-0	
4.3	过氧化钾	POTASSIUM PEROXIDE	氧化性固体,类别 1	17014-71-0	1491
4.4	过氧化钠	SODIUM PEROXIDE	氧化性固体,类别 1	1313-60-6	1504
4.5	过氧化锂	LITHIUM PEROXIDE	氧化性固体,类别 2	12031-80-0	1472
4.6	过氧化钙	CALCIUM PEROXIDE	氧化性固体,类别 2	1305-79-9	1457

续上表

序号	中文名称	英文名称	主要的燃爆危险性分类	CAS号	UN号
4.7	过氧化镁	MAGNESIUM PEROXIDE	氧化性固体,类别2	1335-26-8	1476
4.8	过氧化锌	ZINC PEROXIDE	氧化性固体,类别2	1314-22-3	1516
4.9	过氧化钡	BARIUM PEROXIDE	氧化性固体,类别2	1304-29-6	1449
4.10	过氧化锶	STRONTIUM PEROXIDE	氧化性固体,类别2	1314-18-7	1509
4.11	过氧化氢尿素	UREA HYDROGEN PEROXIDE	氧化性固体,类别3	124-43-6	1511
4.12	过氧化二异丙苯[工业纯]	DICUMYL PEROXIDE	有机过氧化物F型	80-43-3	3109 液态 3110 固态
4.13	超氧化钾	POTASSIUM SUPEROXIDE	氧化性固体,类别1	12030-88-5	2466
4.14	超氧化钠	SODIUM SUPEROXIDE	氧化性固体,类别1	12034-12-7	2547
5 燃料还原剂类					
5.1	环六亚甲基四胺[乌洛托品]	HEXAMETHYLENETETRAMINE	易燃固体,类别3	100-97-0	1328
5.2	甲胺[无水]	METHYLAMINE	易燃气体,类别1	74-89-5	1061
5.3	乙二胺	ETHYLENE DIAMINE	易燃液体,类别3	107-15-3	1604
5.4	硫黄	SULPHUR	易燃固体,类别2	7704-34-9	1350
5.5	铝粉[未涂层的]	ALUMINIUM POWDER UNCOATED	遇水放出易燃气体的物质,类别3	7429-90-5	1396
5.6	金属锂	LITHIUM	遇水放出易燃气体的物质,类别1	7439-93-2	1415
5.7	金属钠	SODIUM	遇水放出易燃气体的物质,类别1	7440-23-5	1428
5.8	金属钾	POTASSIUM	遇水放出易燃气体的物质,类别1	7440/9/7	2257

续上表

序号	中文名称	英文名称	主要的燃爆危险性分类	CAS 号	UN 号
5.9	金属锆粉[干燥的]	ZIRCONIUM POWDER,DRY	1. 发火的:自燃固体,类别1; 遇水放出易燃气体的物质,类别1; 2. 非发火的:自热物质,类别1	7440-67-7	2008
5.10	锑粉	ANTIMONY POWDER		7440-36-0	2871
5.11	镁粉(发火的)	MAGNESIUM POWDER (PYROPHORIC)	自燃固体,类别1; 遇水放出易燃气体的物质,类别1	7439-95-4	
5.12	镁合金粉	MAGNESIUM ALLOYS POWDER	遇水放出易燃气体的物质,类别1		
5.13	锌粉或锌尘(发火的)	ZINC POWDER or ZINC DUST (PYROPHORIC)	自燃固体,类别1; 遇水放出易燃气体的物质,类别1	7440-66-6	1436
5.14	硅铝粉	ALUMINIUM SILICON POWDER	遇水放出易燃气体的物质,类别3		1398
5.15	硼氢化钠	SODIUM BOROHYDRIDE	遇水放出易燃气体的物质,类别1	16940-66-2	1426
5.16	硼氢化锂	LITHIUM BOROHYDRIDE	遇水放出易燃气体的物质,类别1	16949-15-8	1413
5.17	硼氢化钾	POTASSIUM BOROHYDRIDE	遇水放出易燃气体的物质,类别1	13762-51-1	1870
6　其他					
6.1	苦氨酸钠[含水≥20%]	SODIUM PICRAMATE	易燃固体,类别1	831-52-7	1349

续上表

序号	中文名称	英文名称	主要的燃爆危险性分类	CAS 号	UN 号
6.2	高锰酸钠	SODIUM PERMANGANATE	氧化性固体,类别 2	10101-50-5	1503
6.3	高锰酸钾	POTASSIUM PERMANGANATE	氧化性固体,类别 2	7722-64-7	1490

注:1. “主要的燃爆危险性分类”栏列出的化学品分类,是根据《化学品分类、警示标签和警示性说明安全规范(GB 20576 ~20591)》等国家标准,对某种化学品燃烧爆炸危险性进行的分类,每一类由一个或多个类别组成。如,“氧化性液体”类,按照氧化性大小分为类别 1、类别 2、类别 3 三个类别。

2. CAS 是 Chemical Abstract Service 的缩写。CAS 号是美国化学文摘社对化学物质登录的检索服务号。该号是检索化学物质有关信息资料最常用的编号。